Why Consumers Bond With Some Brands for Life?

MARRIED TO THE BRAND
브랜드와 결혼하라

WILLIAM J. McEWEN 지음 | 이예현 • 강유진 옮김

삼성북스
SAMSUNG BOOKS

역자서문

브랜드는 하루에도 수십번 이상 듣는 단어일 것이다. 그만큼 현대 생활에 있어 브랜드라는 것이 매우 중요한 위치를 차지하고 있다.

우리들은 브랜드와 매우 밀접한 일을 해오고 있다. 일을 하면서 항상 브랜드를 어떻게 이해하면 좋을까 하는 고민을 한다. 브랜드를 다른 것에 비유한다면 어떤 것이 가장 적합할까? 우리는 브랜드 컨설팅, 브랜드 전략 수립과 같은 실무를 경험하면서 나름대로 브랜드에 대한 시각을 정리했는데, 결론적으로 브랜드는 사람과 매우 유사하다는 것이다. 브랜드를 사람에 비유하면 많은 내용들이 이해하기 쉬워진다.

우선 브랜드에서 등장하는 용어들을 살펴보자. 가장 많이 이야기하는 용어는 브랜드 아이덴티티나 브랜드 컨셉이 아닐까 싶다. 또한 브랜드 포지셔닝, 브랜드 포트폴리오, 브랜드 이미지, 브랜드 네임, 브랜드 자산 등이 브랜드 관련 업무에서 많이 사용하는 용어들일 것이다. 그런데 여기서 '브랜드'라는 단어만 빼고 생각해보자. 브랜드라는 단어만 빼면 우리가 일상생활에서 많이 사용하는 용어들이다. 아이덴티티, 컨셉, 포지셔닝, 포트폴리오, 이미지, 네임, 자산 등의 용어는 아주 익숙하고 잘 알고 있지 않은가?

위의 용어들은 사람에 대해서도 동일하게 적용된다는 것이다. 우리는 어떤 사람에 대해서 아이덴티티, 컨셉, 포지셔닝, 이러이러한 능력(자산)을 가지고 있다는 등의 이야기를 한다. 즉, 브랜드에 사용하는 용어와 사람에 대해서 사용하는 용어가 매우 비슷한 의미를 가지고 있다는 것이다.

또한 사람이 태어나는 것처럼 브랜드도 오랜 기간동안 개발 기간을 거쳐 세상에 나오게 된다. 마치 10개월의 임신기간을 거친 후 울음을 터뜨리면서 아기가 태어나는 것처럼 말이다. 이렇게 태어난 브랜드는 브랜드매니저의 보호아래 성장한다. 브랜드 매니저는 어머니와 같은 존재이다. 브랜드매니저는 오랫동안의 준비기간을 거치면서 제대로 런칭시켜 좋은 브랜드를 만들겠다는 의지로 가득차 있다. 이렇게 시장에 나온 브랜드는 잘 관리되면 결혼을 하게 된다. 마치 사람도 성장하여 결혼하는 것처럼 말이다. 단, 사람은 다른 사람과 결혼을 하지만, 브랜드는 소비자와 결혼을 하게 되는 것이 약간 다를 뿐이다. 바로 이 책에서 이야기하는 브랜드 결혼이 그것이다. 브랜드가 소비자와 가장 멋진 관계를 갖는 것을 '브랜드 결혼'이라 표현하였다. 소비자와 결혼하는 브랜드는 결국은 성공한 브랜드라 볼 수 있다. 물론, 단기적으로 말이다. 소비자와 결혼했다고 해서 그 결혼관계가 영원할 수는 없다는 것이다. 인간 세상의 결혼관계가 영원할 수 없는 것처럼 말이다. 소비자와 결혼관계를 지속적으로 유지하는 브랜드는 성공한 브랜드라 할 수 있다. 장수 브랜드, 롱런 브랜드들이 바로 소비자와 결혼관계를 지속적으로 유지하고 있는 브랜드라고 볼 수 있다. 그러나 사실 수십년 동안 생존하는 브랜드는 매우 극소수이다.

최근 브랜드가치는 이성적가치보다 감성적가치를 중시하는 경향이 강하다. 왜 그럴까? 기술이 발달하면서 디지털화되어 가지만 사람들은 디지털화 되어가는 세상속에서 인간적인 감성을 더욱 원하기 때문일 것이다. 그렇다면 어떻게 소비자와의 관계를 증진시켜 결혼까지 갈 수 있을까? 또한 단 한번의 결혼이 아니라 지속적인 결혼관계를 유지해 나갈 수 있을까?

그것은 우리가 사람 사는 세상에서 다른 사람과의 관계를 유지하고 증대시키는 것과 동일하다는 것이다. 브랜드와 소비자와의 관계에서도 이성적인 관계가 아니라 감성적인 관계가 가장 중요한 것처럼 말이다.

이 책에서는 브랜드와의 결혼을 이야기하면서 기존의 4P를 넘어 5P를 이야기하고 있다. 다섯 번째 P는 바로 People(사람)이다. 브랜드와 소비자와의 관계를 형성하는데 있어서도 사람의 역할이 가장 중요하다고 이야기한다. 왜냐하면 브랜드와 소비자와의 관계를 연결시켜주는 것이 바로 사람이기 때문이다. 브랜드는 유기체와 같지만 직접적으로 살아서 숨을 쉬거나 움직이지는 못한다. 브랜드가 살아 숨쉬고 움직이게끔 해 주는 것은 바로 브랜드와 소비자와의 관계를 연결해 주는 사람(People)이 있기 때문이라는 것이다. 일종의 중매쟁이가 아닐까 싶다.

아무튼 모든 브랜드들이 소비자와 결혼이라는 단계까지 가는 것을 희망할 것이다. 그렇다고 해서 모든 브랜드가 소비자와 결혼할 수는 없다. 하지만, 브랜드를 관리하는 사람의 입장에서는 궁극적인 목적인 '브랜드 결혼'에 골인할 수 있기를 바라면서 모든 업무를 진행할 것이다. 이 책이 조금이나마 그 길을 안내하는 길잡이 역할을 하기를 희망한다.

2009년 5월 21일

이예현, 강유진

Contents

들어가며

마티가 중요하게 관계를 유지하고 있는 것이 있는데, 그것은 이웃에 살고 있는 그의 형과의 관계가 아닌 스타벅스와의 관계이다.

마티는 월요일부터 금요일까지 매일 오후, 커피를 마시기 위해 사무실 근처에 있는 스타벅스까지 네 다섯 블록을 걸어간다. 물론 사무실에서도 무료로 커피를 마실 수도 있지만 그는 두 군데의 다른 커피전문점을 지나 스타벅스에 도착해 커피를 사는데 1달러 60센트를 지불한다. 자신의 책상에서 몇 걸음만 걸어가면 무료로 마실 수 있는 커피가 있는데도 말이다. 비가 오는 날에도 마찬가지이다.

그가 원하는 것은 일반적인 커피가 아닌 바로 스타벅스에서 마실 수 있는 그 커피이다. 사실 마티는 그가 선호하는 스타벅스 커피와 디드릭(Diedrich), 피츠(Peet's) 혹은 시애틀즈 베스트(Seattle's best)에서 판매하는 커피맛의 차이를 구별하지 못할 수도 있다.

그러나 마티가 스타벅스에 도착하면 매장 직원인 제이슨은 이미 그란데 수마트라(Sumatra)를 만들기 시작한다. 제이슨은 마티의 이름을 부르며 따뜻한 미소를 그에게 건넨다. 그는 마티가 언제나처럼 크림을 추가하는 것을 알고 있기 때문에 마티의 컵에 약간의 여유를 남겨둔다. 마티는 커피값 1달러 60센트와 25센트의 팁을 지불한 후 앞쪽 창문 옆에 있는 의자에 앉는다.

마티가 구입한 것은 단순한 커피가 아닌 경험(experience)을 구입한 것이다. 시끄럽게 울려대는 전화벨 소리와 끊임없이 이메일이 오고 가는 책상에서 벗어나 30분간의 휴식시간을 구매하는 것이다. 이 시간은 마티의 하루 중 매우 중요한 휴식시간이며, 이를 위해 2달러 남짓 금액을 지불하는 것이다.

스타벅스 커피가 "그만큼의 가치가 있다"는 것을 의미하는 것이 아니라 마티가 스타벅스에서의 좋은 경험들을 가치있게 생각한다는 것이다. 스타벅스는 마티가 하루 중 자신만을 위해 시간을 보내는 공간이며, 이러한 공간을 포기하고 싶어하지도 않는다. 중요한 것은 스타벅스의 기업미션이 '세계에서 가장 맛있는 커피 판매자' 임에도 불구하고 마티와의 관계가 기업과의 관계는 아니라는 사실이다. 오히려 그것은 전세계의 7,000개가 넘는 스타벅스 매장중 하나인 특정 스타벅스 매장에서 마티가 느끼는 유대감에 기초를 두고 있다고 할 수 있다.

마티는 자신이 선호하는 스타벅스 매장이 자신에게 무엇인가를 되돌려주기 때문에, 월요일부터 금요일까지 스타벅스에 얼마간의 비용을 지불하는 것이다. 지속적이고 의미있는 관계라는 것은 언제나 상호간에 관계하는 것이다.

그러나 마티가 지출하는 비용에 대한 보상이 그가 가장 선호하는 특정 스타벅스 매장에서 얻는 것과 일치하지 않을 수도 있다. 두 달 전, 그는 집에서 3천 마일이나 떨어진 다른 도시에 갔었다. 10시 미팅전에 도착하여 바로 길 건너 호텔 로비에 위치한 스타벅스 매장을 들렀다. 똑같은 수마트라, 로고, 냅킨, 그리고 친숙한 녹색의 인테리어였으나, 그가 자주 들르던 그 스타벅스 매장의 느낌과는 전혀 달랐다. 그는 커피를 주문하려는 사람들 뒤에 서서 기다린 후 바리스타에게 커피를 주문하였고, 바리스타는 커피를 만들어서 그의 앞에 가져다 놓으며 형식적으로 고개를 끄덕이며 인사를 했다. 마티는 작은 테이블에 앉아 테이블 위에 떨어져 있는 설탕가루를 냅킨으로 닦아냈다. 어쩐 일인지 기분이 썩 좋지는 않았다.

이것은 다소 영문 모를 일처럼 들릴 수도 있다. 마티는 분명히 다른 매장과 동일한 스타벅스 매장에 있었다. 그러나 스타벅스 매장과 스타벅스 경험 사이에는 아주 중요한 차이가 있다. 마티나 다른 많은 고객들에게 스타벅스 경험은 앞치마, 컵, 커피열매, 그리고 실내장식과 같은 것 이상의 무언가를 의미한다. 스타벅스가 아무리 동일한 품질을 유지하려고 해도 여전히 매장에 따라서 '경험' 이 달라진다는 것이다. 모든 스타벅스 매장이 대도시 호텔로비에 있는 그 스타벅스와 같았다면, 마티의 오후 일상이 달라졌을 수도 있었다는 것은 매우 중요한 의미를 가진다.

스타벅스 경험은 매장 방문후에 느끼는 전반적인 감성에 관한 것이다. 스타벅스라면 모든 매장의 컵이 동일한 것처럼 커피맛도 모든 매장에서 언제나 같을지도 모른다. 그러나 브랜드 경험은 변화하는 것이기 때문에 고객이 느끼는 감성 역시 달라질 수 있다. 마티가 느끼는 감성은 그와 스타벅스가 만들어 가는 관계의 핵심요소이다. 그리고 마티와 같은 사람들의 느낌은 스타벅스의 향후 비즈니스 성공에 있어서 매우 중요한 요소가 될 것이다.

소비자 이야기

많은 책에서 스타벅스가 어떤 방법으로 시장에서 제품을 팔아왔고, 어떤 유통 채널을 이용하여 새로운 지역으로, 그리고 전세계로 지점을 확장해 왔는지를 다루고 있다. 그러나 이러한 내용들은 스타벅스라는 기업에 관한 이야기들이다.

그러나 이 책은 스타벅스나 다른 기업의 이야기를 다루고 있지 않다. 기업가, 마케팅 본부장, 혹은 광고 대행사의 이야기를 다루고 있지도 않다. 대신, 이 책은 마티와 같은 소비자들의 이야기를 다루고 있는데, 왜냐하면 브랜드화된 제품이나 서비스를 제공하는 기업의 미래 성공여부는 바로 소비자들에 의해 결정되기 때문이다. 이 책은 마티를 비롯한 수백만의 다른 소비자들이 어떤 방식으로, 그리고 어떤 이유에서 브랜드와 관계를 형성하는지에 대한 이야기를 다루고 있다.

소비자들에게 처음으로 구매를 하게 하거나 매장에 방문하도록 동기를 부여하는 것과 '첫 데이트'를 지속적인 관계, 즉 브랜드 '결혼'으로 이어지게 하는 것 간에는 실질적으로 차이가 존재한다. 스타벅스와 같은 기업들은 '첫 데이트' 이상의 관계로는 만족하지 못한다. 그들의 재정적인 성공여부는 더 많은 브랜드 결혼을 만들어 내느냐 못하느냐에 달려있다.

마티도 처음부터 스타벅스의 고객이었던 것은 아니다. 사실 15년 전에는 스타벅스에 대해 들어본 적도 없었다. 마티가 스타벅스를 처음 방문하게 된 것은 바로 호기심 때문이었다. 그는 스타벅스라는 브랜드와 결혼할 것이라 생각하지도 않았을뿐만 아니라 의식적으로 사무실에서 벗어나 잠깐의 휴식을 취하기 위해 색다른 방법을 찾아보려고 생각하지도 않았다. 당시, 직장 동료 몇몇이 새로 문을 연 커피전문점이 있다는 말을 했다. 동료중 한 명이 자신이 바로 전날 마셨던 라떼에 대해 극찬을 하였다. 마티는 라떼를 그다지 좋아하지는 않았지만 동료들이 그토록 스타벅스의 분위기에 열광하는 것에 대해 호기심이 생기기 시작했다. 마티는 그렇게 단순하게 들은 내용에 대한 호기심과 막연히 좋을 수도 있겠다는 느낌으로 스타벅스와의 첫 데이트를 시작한 것이다.

그러나 마티와 스타벅스의 관계가 처음으로 스타벅스에 앉아 커피를 마시기 시작했을 때 갑자기 생기게 된 것은 아니었다. 그 관계는 다른 모든 중요한 관계들이 그렇듯 점진적으로 발전된 것이었다. 이것은 아마도 마티가 무의식 속에서 스타벅스가 자신의 삶의 일부로 결정되어 버린 것처럼 수개월에 걸친 여러 차례의 데이트를 통해 형성된 것이다. 그의 관계가 우연한 첫 대면에서부터 진정한 결혼으로 발전해 나간 것이다. 스타벅스는 더 이상 마티의 일상생활에서 떼어낼 수 없는 중요한 삶의 일부가 되어 버렸다.

마티는 자신이 주기적으로 만나는 모든 브랜드와 결혼하는 그런 사람은 아니다. 물과 샐러드 드레싱, 바나나를 구입하기도 하는 본즈(Vons) 마트와는 아무런 감성적인 유대감도 갖고 있지 않으며, 파란색 스웨터나 정원용 전기 송풍기(leaf blower)를 구입하는 시어즈(Sears) 쇼핑몰과도 어떤 특별한 유대감을 갖고 있지 않다. 그러나 그는 스타벅스와는 특별한 관계를 가지고 있다. 그럼 이들 사이에 어떤 차이가 존재하는가? 마티는 스타벅스와 특별한 관계를 맺고 있으나 본즈마트나 시어즈쇼핑몰과는 어떤 관계도 맺고 있지 않다.

이 책은 우리가 브랜드 관계에 대해 알고 있는 것과 참된 브랜드 결혼의 형성, 즉 가치의 형성에 대해 알아볼 것이다. 또한 무엇이 결혼관계를 건전하게 유지해 주고 무엇이 관계를 약화시키거나 소멸시키는가에 대해서도 알아볼 것이다.

상호 관계

모든 브랜드 결혼이라는 것이 소비자가 쇼핑을 하고 오후에 차 한잔하는 그런 매장과 소비자들간의 단순한 관계를 이야기하는 것은 아니다. 몇몇의 브랜드 관계에는 스타벅스 매장직원인 제이슨과 같은 사람들이 고객들과 직접적으로 상호작용했던 것처럼 그야말로 서비스라는 요소가 포함되어 있다. 그러나 수많은 브랜드 결혼은 브랜드화된 제품과 그 제품을 사거나 이용하는 소비자들과 관련되어 있다. 맥주, 점화 플러그 오븐에 이르기까지 다양한 제품들과 이러한 관계가 이루어진다.

또한 기업 상호간에 일어나는 비즈니스에서나 공사 담당 엔지니어들과 콘크리트 납품업체, IT 매니저들과 그들의 소프트웨어 공급업체 혹은 내과의사들과 제약회사들 간에 형성되는 그러한 관계 속에서도 이러한 상황이 있게 된다.

이러한 상황 속에서도 역시나 브랜드 결혼이라는 것이 성립되고 유지될 수 있는 것이다. 하지만 이러한 강력한 결혼이 일반적이라고 볼 수 없으며, 결혼 자체가 브랜드를 구입하거나 사용(혹은 데이트하는 것) 한다고 해서 반드시 발생되는 것도 아니라는 것이다.

결혼이라는 것은 단순한 "행위" 이상의 의미를 가진다.

특별한 것

서로 다른 소비자들이 서로 다른 브랜드를 구입하는 형태를 생각해 보자. 일리노아가 동네의 랄프(Ralph) 마트의 6번 복도에서 카트를 밀며 소금을 찾고 있었다. 그녀는 언제나처럼 몰튼소금을 찾는다. 몰튼소금은 26온스 패키지 PB브랜드의 소금보다 20센트나 더 비싸다. 40%가 넘는 가격 프리미엄이 붙은 것이다. 일리노아는 다른 많은 동기들처럼 평범한 월급쟁이이다. 랄프 PB 브랜드의 소금이면 충분하지 않을까?

일리노아가 비록 더 저렴한 소금을 살 수 있다 하더라도, 그녀는 몰튼 소금을 구입하는데 비용을 조금 더 지불한다. 그녀는 다른 사람들에게 깊은 인상을 주기 위해 몰튼소금을 구입하여 집에 잘 보이게 진열도 하지 않는다. 그녀는 어떤 특별한 감성을 느끼게 해주는 몰튼소금을 구입한다. 일리노아도 마티와 마찬가지로 이러한 감성을 모든 제품 혹은 모든 브랜드에 대해 느끼는 것은 아니다. 그녀는 아주 일부의 특별한 브랜드 – 그녀의 마음을 사로잡아온 – 에 대해서만 관심을 보인다. 이 책에서는 이러한 종류의 유대감을 다루게 될 것이다.

왜 일리노아는 몰튼소금을 그렇게까지 선호하는 것일까? 몰튼 브랜드와의 첫 데이트는 단순한 호기심에서 비롯된 것이 아니다. 일리노아가 몰튼소금을 가장 좋아하는 이유는 월요일 저녁마다 리마 빈 캐서롤(lima ban casserole) 요리를 준비하는 엄마에 대한 기억에서 비롯된 것이다. 그녀의 행복했던 부엌에서의 기억을 일깨워질 수 있었던 아주 특별한 느낌의 다른 소금이 없었으므로 몰튼소금과의 결혼생활이 계속될 수 있었던 것이다. 그것이 바로 일리노아가 20센트를 더 지불하고 그 소금을 구입하는 이유이다.

모든 소비자들이 일리노아처럼 느끼지는 않는다. 어떤 이들은 소금 같은 것에는 별로 신경을 쓰지 않는다. 또는 어떤 소비자들은 마트에서 소금을 구입할 때 어떤 브랜드를 구입하느냐에 별로 개의치 않는다. 또 어떤 소비자들은 몰튼소금이 아닌 다른 소금 브랜드와 결혼했을 수도 있다. 매장내에 진열되어 있는 많은 일반적인 브랜드들도 유명 브랜드들처럼 소비자들은 행복한 결혼을 한다.

제품이나 서비스 종류에 상관없이 한 브랜드를 구입하는 모든 소비자들이 그 브랜드와 결혼을 하는 것은 아니다. 브랜드와 결혼을 하는 소비자들이 모두 같은 브랜드와 결혼하는 것도 아니다. 그리고 소비자들은 자기들이 접하게 되는 모든 브랜드와 결혼하는 것도 역시 아니다.

소비자 의견 듣기

일리노아와 마티는 실제 존재하는 인물들이다. 그들은 단순히 두 명의 소비자일뿐이지만 그들이 구매하고 사용하는 일부 특정 브랜드와 형성해온 독특한 관계를 설명해 주는 하나의 좋은 사례이다. 이 책은 이러한 소비자들의 목소리를 전달하려고 한다.

마케팅 매니저들은 일리노아나 마티의 이야기를 들어보지 못했을 수도 있다. 그것은 아마도 마케팅 매니저들 대부분이 다수의 소비자들과 연관된 통계수치에 따라 역량을 집중해 왔기 때문일 것이다. 어찌되었든 고객은 단순한 통계로 판단할 수 있는 그러한 대상이 아닐뿐더러 소비자는 무엇을 언제 구입해야 한다고 알려주는 정교하게 만들어진 캠페인을 수동적으로 기다리는 단순한 마케팅의 대상도 아닌 것이다.

갤럽은 60년 이상 소비자들의 이야기에 귀를 기울여 왔다. 영국 펍(pub)에서 라거를 주문하는 고객들, 북경에서 핸드폰을 구매하는 소비자들, 쇼핑몰을 돌아다니는 소비자들, 그리고 패스트푸드점에서 줄을 서 있는 10대들과도 대화를 나누어 보았다. 또한 부동산 브로커, 내과의사, 선박회사 매니저들과도 이야기를 나누어 보았다. 그들의 브랜드 경험담과 함께 일부 브랜드들이 소비자들로 하여금 어떤 느낌을 가지게 하는지에 대해 귀기울여 왔다.

이러한 조사들을 통해 건전한 브랜드 결혼이 기업과 주주들에게 막대한 재정적 가치를 부여한다는 사실을 밝혀냈다. 그러나 이러한 수익가치는 브랜드가 소비자에게 귀중한 가치를 제공할 때에만 실현될 것이다.

궁극적으로, 브랜드와의 관계를 통제하고 결정하는 것은 바로 소비자들이다. 브랜드 관계를 좌지우지하는 것은 MBA출신의 "브랜드 매니저"가 아닌 것이다. 소비자들이 바로 몰튼소금이나 스타벅스와 같은 브랜드에 충성을 다할지 아닐지 여부를 결정하는 것이다. 그들이 특정 브랜드에 충성도를 보였다고 해서 그 충성도가 평생 동안 지속되는 것도 아니다. 많은 결혼에서 흔히 발생하듯이, 이혼이라는 것 역시 흔하게 발생하며, "그 후에도 평생 행복했습니다"라는 것은 대부분 동화 속의 결말인 것이다.

관계 강화하기

디즈니, 리츠칼튼, 기네스 맥주, 노드스트롬, 그리고 싱가포르 항공과 같이 명망있는 브랜드들은 고객들과 매우 강력한 결혼관계를 창출해내고 있다. 이 기업들에 대해 설명하는 글들은 많이 있다. 중요한 사실은 비록 이러한 브랜드들이 고객들과 지속적으로 유대감을 유지해왔다고 할지라도 이것들은 한번에 한 명의 고객만이 만들어진다는 개인적인 관계들이라는 것이다.

이 책에서는 소비자에 대한 새롭고도 중요한 사실을 이끌어낼 것이다. 이 책은 소비자들이 자신들의 자산을 맡기는 은행, 찾아가는 음식점, 물건을 사는 상점, 그리고 구매를 하는 브랜드들에 대해 가지는 감성적 관계의 근원적인 본질에 대해 알려줄 것이다.

과거 중요하기는 했지만 측정하기는 어려웠던 고객관계를 측정, 관리하는 독특한 접근방법을 통해서 소비자관계에 대한 새로운 시각을 가지게 되었다. – 결국 이것은 고객관계관리를 가능하게 해주었다.

이 책은 2000년에서 2004년 사이에 걸쳐 이루어진 소비자 연구개발의 성과를 보여주고 있다. 또한 이 책은 어떤 다른 브랜드도 할 수 없었으나 특별한 한 브랜드만이 소비자와 유대감을 형성하는데 필수적인 감성적 애착에 대해 설명하고 정의 내리고 있다. 이것은 궁극적으로 브랜드 관계를 말하는데, 즉 브랜드에 대한 열정(passion)을 의미한다. 그러나 이 책이 BMW차나 Armani 의류와 같이 아주 호화스러운 브랜드에 대한 열정만을 이야기하고 있는 것은 아니다. Walmart, FedEx 혹은 Intel에서 MasterCard, BP 혹은 MCI에 이르기까지 조금은 덜 "매력적인" 브랜드에 대한 열정에 대해서도 이야기하고 있다.

갤럽은 전세계의 다양한 브랜드 결혼에 대해 연구해 왔고, 무엇이 소비자와의 첫 데이트로 연결시켜 주는 가에 대해서도 심도 있게 연구해 왔다. 또한 한 회사와 고객간의 결혼생활을 의미하는 지속적인 브랜드 관계유지를 위한 필수적인 요건을 광범위하게 연구해 왔다.

"브랜드와 결혼하라"는 이러한 연구를 공유하며, 이것이 강력한 브랜드를 만들어 내야 하고, 지속적인 브랜드 결혼을 보증해야 하는 매니저들과 기업인들에게 어떤 의미를 함축하고 있는지에 대해 논의할 것이다. 우리가 연구한 것은 전통적으로 브랜드 전략이 만들어지는 회의실에서 뿐만 아니라 전략을 실행하는 최일선의 종업원들 – 매일매일 브랜드와 숨쉬며, 브랜드를 쥐락펴

락하는 – 에 이르기까지 적용된다.

브랜드 관계에 대한 연구의 첫 단계는 우선 고객의 목소리에 귀를 기울여야 한다. 이러한 고객들의 이야기는 종종 소비자 그룹인 포커스그룹을 통해 들을 수 있을뿐만 아니라 방대한 규모의 정량조사를 통해서도 얻을 수 있다. – 당신이 제대로 된 질문만 한다면 말이다.

Married to the Brand

Chapter 01 브랜드 열정으로 가는 길

반세기 이상 갤럽은 감성적 관계를 맺어온 특별한 브랜드들에 대한 소비자들의 의견에 귀기울여 왔다. 그리고 수백만의 소비자 인터뷰를 통해 좋았던 것이 나쁘게 변해 버린 이유에 대해서도 들어 보았다.

우리는 소비자들과의 대화를 통해 믿어는 왔으나 증명할 길이 없었던 것들에 대해 설명해 줄 것인데, 기업 매니저에게는 놀랄 만한 것임에 틀림없다. 이 책의 제목처럼 **'브랜드와 결혼하라'** 라는 것이 바로 그 결론이다. 다음의 결과들은 우리가 배운 것을 요약하고, 다음 장에서 나올 내용을 보여주고자 한다.

- 브랜드와 결혼하는 것은 마케팅 활동에 얼마나 많은 돈을 지출했는지, 혹은 돈이 많이 드는 슈퍼볼 광고에 투자했는지에 상관없이 하룻밤에 이루어지지 않는다. 인터넷 시대라고 할지라도 진정한 브랜드 관계는 하루 아침에 형성되는 것이 아니라는 것이다.

- 일반적인 소비자와 충성도가 있는 소비자간에는 중요한 차이가 존재한다. 단순히 소비자를 확보하는 것만이 기업의 목적은 아니다. 소비자와 충성관계를 만들어 내는 것이 그 목적이 되어야 한다.

- 대부분의 고객 로열티 프로그램(Customer Loyalty Program)과 마찬가지로, 고객 만족 프로그램(Customer Satisfaction Program)도 건전한 브랜드 결혼을 증가시키지는 못하고 있다. 이것은 기업들이 이러한 프로그램들에 충분히 투자를 하지 않거나 프로그램에 대해 중요하게 고려하고 있지 않아서가 아니다. 오히려 이러한 프로그램들 자체가 무엇이 진정한 관계를 만들어가는 지에 대해 인지하지 못해 왔거나 혹은 무시해왔기 때문인 것이다. 게다가 고객 로열티 프로그램은 경쟁자들에 의해 손쉽게 모방될 수 있어서 브랜드와 결혼하게 만드는 것이 무엇인지 파악하지 못한 상황에서는 단순히 사업에 들어가는 비용만 증가시키게 한다.
- 첫 데이트에서 구매자나 사용자를 매료시키는 데 필요한 것과 잠재고객을 충성스런 고객으로 만드는 데 필요한 것에는 분명한 차이가 있다. 데이트는 결혼과는 다르기 때문이다. 그렇지만 이 두 가지 모두는 그 관계들을 지속시키기 위해서 반드시 감성적 차원의 교류를 필요로 한다.
- 새로운 브랜드관계인 첫 데이트를 성공적으로 추진하기 위해서는 브랜드 약속이 믿을 만하고 설득력이 있을뿐만 아니라 잠재고객과 개인적인 교류가 이루어질 수 있어야 한다.
- 낮은 가격, 최고의 광고, 멋있는 포장, 최고로 좋은 매장내 진열위치만으로 열정적인 브랜드관계를 지원할 수 없듯이, 제품 하나로 열정적인 브랜드관계를 지원할 수 없다.

건전한 브랜드 결혼을 결정하는 것은 하나의 동떨어진 요소가 아니라 전체로서의 브랜드 경험이므로, 브랜드 경험을 창출하기 위해서 이러한 요소들이 함께 존재해야 하는 것이다.

- 브랜드 결혼이라는 것은 소비자가 처음으로 브랜드와 연결될 수 있도록 유대감의 깊이를 더해 주는 것을 말한다. 고객으로 계속 유지시킨다는 것은 단순한 약속 이상의 의미를 갖는데, 이를 위해서는 완벽한 브랜드 경험 성과가 필요하다. 건전한 브랜드 결혼을 위해서는 소비자와 계속되는 데이트와 모든 접점에서 기업의 브랜드 약속이 지켜져야 한다.

- 대부분의 경우, 소비자들이 브랜드를 신뢰하는 것만으로는 충분하지 않다. 그 이유는 소비자들은 많은 브랜드에 대해 동시에 신뢰를 느낄 수 있기 때문이기도 하며, 감성적 관계는 단순한 신뢰성보다는 깊어야 하는 것이기 때문이기도 하다. 신뢰(Trust)는 반드시 필요한 기반이며, 결혼은 신뢰없이는 지속되지 않는다. 그럼에도 불구하고, 지속적인 관계를 유지하기 위해서는 브랜드 열정이 반드시 필요하다.

- 대부분의 기업들은 많은 소비자들 중 일부 소수의 소비자들과 강력한 브랜드관계를 유지하고 있다. 일류 브랜드들이라고 할지라도 일반적으로 소비자 중 약 절반 정도만 건전한 관계를 맺고 있다. 또한 기업들은 소비자들이 어떤 유형에 속하는지에 대해서도 알지 못할 수도 있다.

◉ 거의 모든 산업분야에서 다수의 고객들이 기업들과 아무런 관계를 맺고 있지 못하다. 평소 기업과의 관계에 대해 불평을 하고 관계가 단절되어 있는 고객의 수를 줄이기 위해서는 고객관계관리(CRM)나 마케팅 프로모션으로는 무언가 부족하다. 오히려 이러한 프로그램들이 새로운 고객을 늘리지는 못하고 줄어들게 하는 경우를 많이 봐왔다. 결국 브랜드 결혼은 만들어내지 못하고 이혼을 위한 분위기만 조장한다는 것이다.

◉ 감성(Emotions)이란 단순히 축하카드의 문구나 할리우드 영화대본에 적합한 따뜻하고 애매모호한 그러한 개념이 아니다. 감성이라는 것은 강력할뿐만 아니라 유익한 것이기도 하다. 만약 기업이 햄버거나 마이크로프로세서를 팔려고 한다면, 감성적으로 충성스런 고객들은 기업에게 돈을 벌게 해 줄 것이고 충성스럽지 못한 고객들은 기업에게 돈을 쓰게 할 것이다.

◉ 한 고객이 기업, 제품, 상점, 직원 혹은 광고나 뉴스에 등장하는 스토리를 접할 때마다 브랜드관계는 발전될 수도 있고, 손상될 수도 있다. 브랜드 결혼은 정적인 것이 아니며, 진화를 거듭하게 된다.

◉ 브랜드 관계관리(brand relationship management)는 단순히 마케팅의 문제가 아닐뿐만 아니라 경영, 제품개발, 혹은 정보기술만의 발전을 통해 맺어지는 것도 아니다. 성공적인 결혼관리는 전사에 걸친 헌신과 통합된 노력을 통해서

만 이루어지는 것이다.

- 브랜드 결혼관리에 대한 상명하달식 해결책이 막대한 효과를 가져올 수도 있지만, 그러한 방법은 대체로 도움이 되지 않는다. 관계관리는 회의실에서 시작되는 것이 아니라 고객과의 개인적인 접촉을 통해 시작된다는 것이다.

갤럽의 연구는 단순히 고객만족이 지속적인 브랜드 관계를 보장하는 것이 아님을 보여주고 있다. 또한 "로열티" 만으로도 충분하지 않으며 그러한 "좋은(good)" 성과 역시도 불충분한 것임을 보여준다. 짐 콜린스(Jim Collins)는 그의 저서 "좋은 기업을 넘어 위대한 기업으로 〈Good to Great〉"에서 많은 기업들이 "좋은 것"에만 만족하고 있다고 하면서, "좋은 것은 일류의 적이다"라고 지적했다. 결혼생활을 유지하기 위해서는 무엇인가가 더 필요하다. 사랑하는 관계는 좋아하는 관계 이상의 많은 것을 내재하고 있다.

설교하려 하지 마라

브랜드에 대해 대화를 나누고 고객관계에 대해 생각하는 것은 새로운 것이 아니다. 서점에는 브랜드에 관한 책, 혹은 브랜드 문제와 씨름하느라 불면의 밤을 지새우는 마케팅 매니저들에 관한 책들로 가득차 있다. 컨퍼런스 보드(Conference Board)가 실시한 CEO 조사에 따르면, 고객의 유지, 조직적인 성장, 브랜드 충성도는 경영진들이 가장 고심하는 문제들이라고 한다. 연간보고서(Annual Report)에서 기업들은 자신들의 목표가 단순히 새로운 고객을 창출해내는 것이 아니라 고객을 "만족시키고", "즐겁게 해주는" 것이며 또한 고객에게 "기쁨"을 만끽하게 하는 것이라고 까지 주장한다.

높은 목표를 달성하기 위해 기업은 마케팅 부서로 하여금 성과를 내도록 독촉해 왔을뿐만 아니라, 광고대행사, 홍보대행사, 그리고 패키지 디자이너의 협조를 받아오기도 했다. 또한 기업들은 CRM의 도움을 받고 고객관계를 직접적으로 체크하고 관리하는 고객관리 매니저들의 책임하에 고객관리부서를 운영해 왔다.

이러한 활동은 과연 효과적일까? 솔직히 말하자면, 대부분은 효과적이지 않다. 기업은 자금을 낭비하고 기회를 잃어버리고 있는 것이다. 상당한 비용을 지출함에도 불구하고, 대부분의 기업들은 고객만족도를 개선시키지 못하거나 고객 충성도를 높이지 못하고 있다. 그들 대부분이 고객들을 즐겁게 해주지 못하고 있다는 것이다. 결혼생활이라는 것이 틀에 박힌 규정보다는 예외적인 부분에 의해 더욱 강력해지기 때문일 것이다.

미시간대학이 실시한 ACSI 조사에 따르면, 조사가 시작된 1994년 이후 어떤 산업이냐에 상관없이 고객만족도 점수가 개선되지 못하고 있는 것으로 나타났다. 대부분 만족도 증감추세가 거의 변화가 없었다. 갤럽의 분석에 따르면, 20개의 기업 중 5%에 해당하는 단 한개의 기업만이 7년 동안 어떤 형태로든 지속적으로 고객만족점수가 개선되고 있는 것으로 조사되었다.

결국 기업들은 과거부터 지금까지 계속적으로 좌절하거나 환상에서 깨어나거나 환멸을 느껴왔던 것이다. 베인앤컴퍼니의 'Management Tools 2001' 조사에 의하면 고위 경영진 중 25% (네 명 중 한 명)만이 그들이 고객만족을 측정하고 관리하는 노력에 대해서 "매우 만족스럽다"라고 답변했다. 베인앤컴퍼니는 고객만족도를 측정하는 기업의 비율이 1993년 86%에서 2000년 60%로 현저하게 하락한 사실을 밝혀냈다.

그렇다면, 기쁨에 넘치는 고객들은 과연 어디에 있는 것일까? 과연 무엇이 문제이며, 또 어디에 문제가 있는 것일까?

Married to the Brand

Chapter 02 소비자들은 왜 브랜드와 결혼하는가?

강력한 브랜드관계의 힘을 이해하기 위해 브랜드 세계로의 짧은 여행을 떠나보는 것도 도움이 될 것이다. 브랜드는 단지 기업이 소비자에게 판매하려고 하는 다양한 제품과 서비스를 구별하기 위해 사용하는 이름만을 의미하는 것은 아니다. 브랜드는 마케터를 위해서가 아니라 소비자를 위해 더 많은 역할을 한다.

브랜드라는 것은 소비자들이 특정한 제품과 서비스를 사용했던 경험에 대해 증명해 보이고, 정의를 내리며, 적절하게 표현하는 것이라고 할 수 있다. 브랜드는 개별 소비자가 때때로 중요하다고 생각하고, 상호 호혜적일뿐만 아니라 사랑스러운 관계까지 만들어내는 사교댄스의 파트너와 같은 존재이다.

브랜드는 어디에나 존재한다. 자동차, 시리얼, 청바지, 레이저 프린터, 법률회사, 할인중개업, 그리고 청과물 상점에 이르기까지 생활에 있어서 브랜드는 피할 수 없는 존재이다. 그러한 브랜드는 소비자들에게 주목받기 위해 노력하고 있고, 그와 동시에 브랜드가 열망하는 첫 번째 데이트가 지속적이고 의미있는 관계로 발전하도록 소비자들을 유도하는 방법을 찾고 있다.

일부 브랜드는 성공하지만 대다수의 브랜드는 성공하지 못한다. 성공하는 브랜드는 유형이든, 무형이든 혹은 이성적이든 감성적이든, 소비자들에게 수익을 제공한다. 그리고 그 브랜드는 소비자들과 접촉하는 모든 경우에 이러한 수익을 제공해 준다.

브랜드 구축과 브랜드 전파 (Brand Buzz)

비즈니스 관리에 관심이 있는 사람이라면 누구나 알 수 있는 것처럼, 브랜드와 브랜드관리는 지난 50년 동안 비즈니스와 학계에 있어 인기있는 마케팅 및 도서의 주제였다. 많은 시간과 노력을 기울여온 결과, 우리는 브랜드가 무엇이고, 어떻게 새로운 소비자를 창출해내며, 무엇이 소비자들에게 몇번이고 되풀이하여 다시 돌아오게끔 하는지를 알게 되었다. 열정적인 소비자와 냉담한 소비자의 차이점을 이해한다고 생각할 수도 있고 혹은 어떻게 하면 강력한 브랜드 결혼을 하게 할 수 있는지에 대한 방법을 안다고 생각할 수도 있다. 그러나 안타깝게도 그렇지 못하다.

사실, 우리는 과거로부터 많은 브랜드 출시와 관련한 재미있는 이야기들을 들어왔다. 사우스웨스트항공사의 허브 켈러허(Herb Kelleher), BMW의 헬멧 판케(Helmut Panke), 맥도날드의 레이 크록(Ray Kroc) 등을 포함하는 브랜드챔피언과 광고기획자에 관한 이야기는 흔히 접할 수 있다.

비즈니스 관련 미디어에는 주목할만한 가치는 있지만 말도 안 되는 브랜드관계에 관한 억지스런 글들이 많이 있다. 아마도 할리 데이비슨 추종자나 리눅스 매니아, 이베이 열성팬에 대한 글들을 분명히 읽어봤을 것이며, "열광(buzz)"이나 "예찬(cults)", 브랜드 "종족(tribes)"에 대한 이야기 역시 들어봤을 것이며, 사찌&사찌(프랑스의 광고대행사) 홍보리더가 무엇 때문에 소비자를 "러브마크(lovemark)"로 부르게 하는지에 대한 이야기도 들어봤을 것이다. 이러한 이야기들은 때로는 자극적이며 흥미를 유발시키기도 한다. 이것들은 형식보다는 신앙을 중시하는 고객 '복음주의'로 불리는 브랜드 전도에 열정적으로 때로는 광적일 정도로 브랜드 관계에 대해서 이야기하고 있다.

그렇지만 이러한 브랜드 이야기들은 끊임없이 되풀이 되고 있다. 할리 데이비슨을 타는 사람들은 매우 극소수에 불과하며, 현재 인기브랜드인 Pets.com[1] 처럼 미래에는 곤경에 빠지게 될 수도 있다는 것이다. 최신 유행하는 브랜드들도 용두사미처럼 되어가거나 혹은 일시적으로 인기를 끌다가 사라지는 그러한 브랜드가 될 수도 있다는 것이다.

게다가 이런 이야기들은 대개 브랜드관계를 더 좋게 만드는 것이 무엇이며, 무엇이 그러한 관계를 지속적으로 유지하게 하는지에 대해서는 과학적으로 설명해 주지 못하고 있다. 이러한 과학적인 증거라고 하는 것이 일화적이고 개념적이긴 하지만 사실로 인정되는 논쟁이나 가설을 뒷받침해 주는 중요한 자료는 턱없이 부족한 상황이다. 게다가 브랜드에 대해서 설득력있게 잘 기술한 신문기사나 관련 서적들이라고 할지라도 브랜드의 전파를 가속화시키는 영역에 속해 있지 않을뿐더러 에너지 넘치는 브랜드관계를 만들어 내야만 하는 기업의 관리자에게는 실질적인 길라잡이로서의 역할은 하지 못하고 있다는 것이다.

1) 2000년 초반 영업을 중단한 닷컴 회사로 닷컴 버블로 인해 실패한 대표적 기업임.

브랜드 구축은 아래의 두 가지 방법으로 나누어질 수 있다.

1. 일부 전문가들은 냉정하리만치 엄격하게도 패키지 상품을 마케팅 함에 있어서 자신들의 논증을 입증하기 위해 광범위하게 브랜드구축에 대한 조사를 해오고 있다. 그들의 조사는 단순한 일화적인 브랜드 이야기가 아닌 추상적이고 1차원적이며, 과연 특정 브랜드를 탁월하게 하기 위해 밟아가야만 하는 단계들을 설명해주는 과학적 근거들을 포함하고 있다. 오래된 AIDA(인지 : Awareness, 관심 : Interest, 욕망 : Desire, 행동 : Action) 모델과 직접적인 관계에 있는 결정론적이고 순차적인 의사결정 프레임워크라고 전문가들은 단정하고 있다. 광고대행사인 FCB에 의해 조사된 것과 같이 단순히 소비자 데이터로는 알 수 없는 "생각하고(think) – 느끼고(feel) – 행동한다(do)"는 일련의 과정을 전문가들도 생각하고 있지만 결국 그들의 오래된 모델을 지지할 것이다. 게다가 그것들은 아이보리 비누나 블라식 스태커의 신규 출시를 위한 관리활동들이 버진이나 나이키, 또는 아이팟의 성장을 위해 쏟아야만 하는 관리활동보다는 훨씬 많은 노력을 기울여야 한다는 것을 의미하고 있다. 또한, 소비자들과 직접적으로 접촉하는 상점이나 콜 센터에 관심을 기울이기보다는 임원회의에 초점을 맞춘다는 것이다.

2. 또 다른 전문가들은 브랜드의 개발을 소니의 아키오 모리타(Akio Morita), 나이키의 필 나이트(Phil Knight), 갈로와인의 어니스트 갈로(Ernest Gallo)와 같은 마케팅 공상가

들의 독특한 식견과 확고한 결심으로부터 얻어진 창의적인 과정으로 보고 있다. 이러한 측면에서 보면, 브랜드의 개발 과정은 운 좋게도 끊임없이 되풀이되고 있다.

이러한 오래된 직선적이고 결정론적인 모델이 인간 감성을 설명하는 데 매우 불충분하다고 할지라도, 브랜드 구축이 과학적 조사를 무시하는 과정임을 의미하는 것은 아니다. 공식적으로 접근하는 것은 감성적인 정보가 충분하지 않기 때문에 완벽하지 않아 보인다. 그러나 이런 점 때문에 창의적인 접근법이 옳은 해결책이라는 것을 의미하지는 않는다. 사실 정확하고 확실한 데이터가 창의적인 브랜드 발전과정에 상당부분 기여를 할 수 있다는 것이다.

브랜드와 브랜드 차별화 : 의미 있는 메시지 전달

브랜드는 마케팅 강의시간이나 혹은 회사의 회의시간에 논의되어 왔던 것보다 훨씬 오랫동안 광범위하게 존재해왔다. 브랜드라는 것은 본래 사냥꾼이나 양치기들이 공급자가 누구인지를 표시하거나 소유자가 누구인지를 나타내기 위해서 사용된 독특한 표시로부터 유래되었다. 당시 브랜드의 목적은 단순히 이것과 저것을 구별하기 위한 것이었다. 브랜드는 "이것은 내 것이고 저것은 네 것이다"라는 아주 간단한 표현수단으로 이용되었다.

중세시대에 길드 수가 증가하자, 이러한 특징적인 소유권 표식은 브랜드관계를 이해하는데 조금 더 중요하고도 부가적인 역할을 하게 된다. 예술가들의 서명이나 가문의 문장처럼, 특징적인 브랜드 표식은 단순한 소유권이 아닌 그 이상의 것을 표시하기 위해 사용되었다. 중요한 메시지를 전달하는 데 쓰여졌고, 브랜드 중 일부는 소유주의 신분이나 지위를 나타내기도 하였다. "어느 누구도 내가 누구인지 의심하지 말라"는 의미인 것이다. 그리고 일부 브랜드는 창작자나 생산자의 프라이드를 전달하는 제품의 품질보증서와 같은 역할을 했다. "이것은 나의 작품이고, 나에 의해서 만들어진 것이다"라는 의미이며 "내 작품을 보증한다"는 의미였다.

그리하여 브랜드의 역할은 소유권을 구분하는 것 이상으로 확대되었다. 브랜드는 소유경험과 연관된 긍정적이고도 부러움의 대상이 되는 가치있는 것일뿐만 아니라, 제품제작자의 개인적인 보증을 전달하는 도구가 되었다. 브랜드는 이제 제작자와 소유자 모두에게 가치를 지니는 상호적인 관계를 표현하고 있다.

브랜드 차별화 요소 : 문제 해결의 핵심 요소

브랜드 차별화요소를 개발하고 디자인하는 데는 기본적으로 많은 작업과 비용이 소요된다. 특색있는 로고에서부터 독특한 제품디자인에 이르기까지 그 범위는 다양하다. 마케터들은 단지 고속도로나 슈퍼마켓의 선반위에나 올려져 있을 그런 일반적인 브랜드가 아니라 정말 훌륭한 일류 브랜드를 만들어내고 싶어한다는 것이다.

소비자들은 특정 브랜드와 유대관계를 맺기 이전에도 이미 그 브랜드가 존재한다는 사실을 알고 있다. 그러나 브랜드 네임을 안다고 해서 기존에 존재하고 있는 브랜드의 훌륭함이나 위대함을 표현할 수 있는 것은 아니다. 대부분의 경우 브랜드 네임을 알고 있다는 것 자체가 브랜드관계의 강점뿐만 아니라 첫 데이트 가능성을 측정하는 척도가 되지는 못한다. 팬아메리칸 항공(PanAm : 1991년 파산 신청한 미국의 항공사)은 친숙한 브랜드이지만, 그 친숙함이 회사 파산에 어떤 도움을 주지는 못했다. 플리머스(Plymouth)나 엠지 오토모빌(MG automobiles)도 마찬가지 경우이다. 올즈모빌사 역시 여전히 좋은 기억으로 남아있는 브랜드이나 더 이상 훌륭한 일류 브랜드는 아니다. 엔론(Enron) 역시 매우 잘 알려진 브랜드이기는 하나 아마 같은 맥락으로 이해할 수 있을 것이다.

이제 분명히 해두어야 할 것이 있다 : 만약 당신이 마케터라고 한다면 목표는 브랜드 인지가 아니라 브랜드 결혼이 되어야 하는 것이다. 소비자와 브랜드 사이의 순수하고도 영속적인 관계가 목표가 되어야 하는 것이다.

차별화된 브랜드 네임이나 디자인을 만드는 것은 쉬운 일이다. 정말 가치있는 일은 브랜드를 구매하고 사용하며 데이트하는 것과는 전혀 다른 느낌의 독특한 브랜드 경험을 만들어내는 것이다. 기본적으로 브랜드관계를 구축하기 위해서는 브랜드 네임이나 로고가 아니라 바로 브랜드 경험이 필요한 것이다.

독특한 디자인이 없어서가 아니라 소비자가 열정적인 관계를 맺지 못하기 때문에 브랜드가 시들어가는 것이다. 브랜드가 신규 구혼자들을 매료시키지 못하고 현재의 소비자들과 결혼생활을 잘 유지하지 못하기 때문에 사장되는 것이다. 한 마디로 말해서 브랜드를 마음에 두고 있는 그런 소비자들이 많지 않다는 것이다.

브랜드에 관심을 가지는 사람들의 수를 증가시키는 것이 마케팅적인 도전이다. 이러한 과제를 해결하기 위해서는 소비자의 시선을 통해 차별적 요소를 끊임없이 찾아야 한다.

고객은 중요하다

대체 브랜드(alternative brand)가 중요한 문제로 부각될 때 그 대체 브랜드가 충분히 차별적인지 여부의 결정은 소비자 몫이다. 어떤 소비자들은 펩시와 코카콜라 간에는 매우 큰 차이가 있다고 생각한다. 젯블루(JetBlue)를 이용한 여행은 다른 항공사를 이용한 여행과는 전혀 다른 비행 경험이라고 생각한다. 하지만 다른 소비자들은 그렇게 생각하지 않는다.

미국 서해안에서 서비스 업무 일을 하는 매니저인 톰은 우리가 흔히 볼 수 있는 사람이다. 톰은 자동차를 1대 가지고 있고, 일년에 20번 이상 여행을 하는데 여행할 때는 렌트카를 이용한다. 그러나 그는 모든 자동차가 비슷하다는 생각을 가지고 있다. 그는 3년된 뷰익을 운전하든 혹은 임대한 토러스(Taurus)나 갈란트(Galant), 몬테카를로(Monte Carlo)를 운전하든 별 차이가 없다고 생각한다.

이와는 반대로 톰의 절친한 친구인 월터는 자동차 매니아로써 "차는 차일뿐이다. 모든 차는 똑같다"고 말하는 톰의 말을 이해하지 못한다. 월터에게는 모든 차가 다르게 느껴질뿐만 아니라 소중히 다루어온 모건(Morgan)같은 차는 그에게 매우 특별한 의미를 지닌다.

월터는 자동차 브랜드에 따라 장식, 계기판 작동법 혹은 내부 디자인들이 저마다 다르다고 생각한다. 또한 엔진성능이나 기어에서도 차이점을 느낄 수 있다. 그러나 톰에게는 이러한 차이점들이 사소한 것일 뿐이다. 차는 그에게 있어 한 지점에서 또 다른 지점까지 이동하는 수단일 뿐이라고 생각하며 슈퍼볼의 광고나 열정적인 Car & Drive 제품리뷰도 그의 생각을 바꿀 수는 없다.

톰과 월터의 차이를 설명할 수 있는 것은 무엇일까? 마케터에게 있어서는 톰과 같은 소비자들과 월터와 같은 소비자들의 차이점을 밝혀내는 것이 과제이며, 기업은 그들 사이의 차이점을 찾아내기 위해 각 유형의 소비자들과 대화하는 것에 중점을 두고 마케팅활동을 펼쳐야 한다.

동질성의 바다

맥주, 은행, 서비스 분야에 대한 연구결과를 보더라도 톰이나 월터와 같은 소비자들이 실제 아주 많다는 사실을 알 수 있다. 관심을 유발시킨다는 측면에서 월터와 같은 고객들을 창출해내는데 있어서 몇 가지 중요한 요소들이 있다.

최근 조사에 따르면, 미국의 자동차 소유주들 중 약 24%가 자동차들 간에 사실 아무 차이가 없다고 생각하는 것으로 나타났다. 그들은 톰과 같은 생각을 하는 것이다. 반면, 소유주 중 약

19%는 다른 자동차들과 비교할 때 단연 돋보인다고 믿는 자신들만의 자동차가 한가지 존재한다고 생각한다.

선택의 수가 많다는 점을 고려한다면, 브랜드로서 두각을 나타내는 것이 그리 쉽지는 않다. 만약 중형 세단에 관심이 있다면, 에드몬드닷컴(Edmonds.com)에서는 2005년 모델만 고려한다고 해도, 알파벳 순서로 아큐라(Acura) RL에서 볼보(Volvo) S80에 이르기까지 40개가 넘는 종류의 세단을 찾아볼 수 있다. 인기있는 SUV를 찾는다고 하더라도 40개가 넘는 종류의 차를 찾아볼 수 있다. 모든 차량이 로드테스트가 된것은 아닐테니, 컨슈머리포트(Consumer Report)를 살펴보는 것도 도움이 될 수 있을 것이다. 그러나 이러한 도움을 받고도 중형차의 종류는 20개 정도가 남을 것이다.

유사하거나 동일하여 혼동되기 쉬운 외양을 놓고 보았을 때, 미국의 자동차 소비자들이 여러 브랜드와 모델을 놓고도 별다른 차이를 느끼지 못하는 것은 다분히 이해할 만한 일이다.

다른 카테고리의 제품과 서비스에 대한 조사에서도 역시 비슷한 결과가 나왔다. 경쟁이 심한 카테고리에는 많은 브랜드가 존재하지만 미국 소비자들은 대부분의 브랜드가 비슷하다고 생각한다.

- ✓ 미국 은행 소비자들 중 58% 이상이 은행간에는 차이점이 없다고 느끼고 있다.
- ✓ 과거 미국내 항공기 이용자의 거의 반 정도는 모든 항공사가 "똑같다"라고 느끼고 있다.

✓ 온라인 쇼핑몰 구매자의 반 이상(54%)이 모든 웹사이트 판매자들이 비슷하다고 생각하고 있다.

소비자들이 폭스바겐 비틀(Beetle)과 BMW Z4를 구분할 수 없다는 것은 아니다. 소비자들은 외관상 같고 동일한 느낌이 드는 여러 브랜드들에 의해 둘러싸여 있다. 왜냐하면, 본질적으로 비슷비슷한 브랜드 특성을 알리려고 하는 것 자체에 문제가 있기 때문이다. 소비자들의 시각에서 보면, 자동차 모델의 스타일, 은행의 계좌 수수료와 ATM기기의 위치 등은 별로 중요한 문제는 아닌 것이다.

별 차이가 존재하지 않는 경우, 브랜드는 단지 값이 제일 싼 것이 무엇인지, 혹은 가장 구하기 쉬운 것이 무엇인지에 의해 결정된다고 볼 수 있다.

의미있는 차별화 구축 : 특성 VS 편익 (Attributes versus Benefits)

의미있는 브랜드 차별화를 찾는데 있어서 기업과 브랜드 매니저들은 브랜드 특성(attributes)이 브랜드 편익(benefits)과 같지 않다는 사실을 알아야 한다. 두 개념은 명백히 달라 보이지만, 기업들은 끊임없이 두 가지 개념을 혼동하고 있다.

특성이라는 개념은 객관적으로 확인할 수 있는 제품의 특색(features), 외양(aspects), 구성 요소(ingredients), 성분(components) 등을 의미한다. 회사가 제공하는 서비스나 제품에 첨가하는 구성요소들이 바로 그런 것들이다. 주석성분의 불화물이

첨가된 젤타입의 치약이라든지, 광섬유 케이블, 혹은 4륜 구동장치와 선루프, 그리고 가죽시트를 단 스포츠용 SUV 등이 바로 그 특성의 예이다.

이러한 특성은 한 브랜드에만 존재하는 유일한 것일 수도 있다. 예를 들어 "버드와이저" 맥주는 독특한 숙성방법인 비치우드 에이징이라는 기법을 이용해 다른 맥주 맛보다 부드럽고 깨끗한 느낌을 주게 하거나, 카스트롤 GTX는 최첨단기술(독특한 편광미립자)을 이용한 가솔린 엔진오일이라는 점이 독특한 특징이다. 가죽시트와 같은 특징들은 다른 경쟁사들 역시 제공할 수 있는 것들이다. 어느 쪽이든 이러한 특성은 바이어나 고객들이 인식할 수 있고, 본질적으로 검증할 수 있으며 종종 법적으로 보호를 받을 수 있기도 한 브랜드 특성을 지닌다.

어쨌든 이러한 특색들은 구매자나 사용자들에 대한 편익을 의미할 수도 있고, 그렇지 않을 수도 있다. 반대로 소비자가 느끼는 특색이나 특질을 의미하는 편익이라는 것은 제품 또는 제품 이용 경험의 성과 및 매력도와 직접적으로 연관되어 있다.

편익이라는 것은 기업의 광고가 아닌 소비자의 가치에 의한 것이라고 할 수 있다. 편익은 구매자, 사용자 및 잠재적인 결혼 파트너로서 소비자들이 투자한 결과로 얻는 보수와도 같은 것이다. 편익은 오로지 보는 사람의 시각에서만 존재하는 것이며, 실제적이고, 인지된 것이고, 이성적이고, 감성적인 브랜드 경험으로부터 소비자들이 느끼는 것을 의미한다.

대부분의 기업은 제품을 제조하고, 상점을 개설하며, 마케팅을 하는데 반드시 필요한 각종 포장, 프로세스, 정책 등을 설계하기 때문에 브랜드의 특성을 중시하는 경향이 있다. 기업은 어떤 제품을 어떻게 만들고 포장하며 운반할 것인가에 초점을 맞추고 있다는 것이다.

그러나 소비자들은 브랜드에 대해 특성보다는 편익에 더 관심을 기울인다는 점이다. 소비자들은 "이것이 내게 어떤 도움이 될까"라고 스스로 질문하고 답을 찾는다. 브랜드 결혼을 만들어내는 것은 앞에서 이야기한 것처럼 특성이 아니라 바로 편익인 것이다.

브랜드 편익과 브랜드 열정

다이앤에게 가장 좋아하는 식료품점이 어디인지 물어본다면, 자신이 좋아하는 식품점에 대한 독특한 편익을 말해 줄 것이다. 그러나 인스턴트 음식의 종류에서부터 "한개 사면 한개가 공짜" 프로그램에 이르기까지 여러가지의 특징을 물어본다면 이렇게 대답할 것이다.

"무엇보다 그곳의 분위기가 좋아요", 많은 직원들이 "안녕하세요"라고 친절하게 인사해요. 나에게는 이런 요인이 중요해요."

다이앤은 주차공간이나 다양한 종류의 요구르트, 다섯가지 종류의 양상치, 금주의 특별 최저가 제품 같은 것은 말하지 않을 것이다. 이러한 특색들 때문에 다이앤이 그 식료품점을 선택할 수는 있지만 그러한 특색들 때문에 다이앤이 그 식료품점에 대해 열정을 갖는 것은 아닌 것이다. 다이앤이 가치를 두는 것은 다른 식품점에서는 볼 수 없는 독특하고 중요한 그 상점의 편익인 그 식품점만의 분위기이다.

브랜드 편익에 집중하는 성향은 구입하는 상점뿐만 아니라 구입하는 제품을 통해서도 확실히 알 수 있다. 다음은 헤더의 뉴트로지나(Neutrogena)에 대한 생각이다.

"뉴트로지나는 내게 완벽한 제품이에요. 아주 심한 피부트러블이 있는 제 인생을 뉴트로지나가 바꾸었지요. 조금은 이상하게 들릴 수도 있지만 정말로 그렇습니다. 뉴트로지나는 제 피부를 깨끗하게 하였고 저를 자신있는 사람으로 만들었어요. 이 제품 없이는 살 수 없을 정도랍니다."

헤더는 뉴트로지나가 독특하게도 투명한 색을 띠며, 펌프식 용기에 담겨있고 피부과 테스트를 통과한 제품이라는 사실을 언급하지는 않았다. 피부과 의사들이 선호한다는 사실이 그녀가 뉴트로지나를 선택하는데 있어 논리적으로 뒷받침을 해주었을지는 모르지만, 헤더가 초점을 두는 것은 깨끗한 피부와 자신있는 외모라는 그녀가 받는 편익들이다. 이러한 것들이 바로 헤더가 "뉴트로지나 없이는 살 수 없다"고 말하는 이유인 것이다.

최소한으로 해야 할 사항 : 독특한 편익 찾기

다른 브랜드가 가지고 있지 않은 독특한 편익을 찾는 것은 간단하게 들릴 수도 있다. 브랜드 결혼으로 이어질 수 있는 데이트 관계를 시작하기 위해 기업들은 제품의 편익에 대해 이해해야 한다. 그러나 이는 쉬운 일은 아니다. 최상의 가치를 가지고 있거나 인기있는 제품/서비스들이 제공하는 편익은 하나의 브랜드만이 가지고 있는 것이 아니라 다른 브랜드들도 갖고 있다.

독특한 노란색 포장은 하나의 필름사에 의해서만 제공될 수 있지만, "선명하고 실물에 가까운 칼라"는 다른 경쟁사들 역시 제공할 수 있는 것이다. 하나의 맥주 브랜드만이 "비치우드에이징 숙성"과 같은 특징을 가질 수 있지만, 다른 많은 브랜드들이 "진정한 맥주의 맛(real beer taste)"이라는 점을 주장할 수 있는 것도 같은 맥락이다. 많은 PC 제조사들이 안정적인 성능을 주장하듯이 말이다.

따라서, 마케터들은 Catch-22 딜레마[2]에 직면하게 된다 : 실질적인 편익이 될 수 있는 특성은 경쟁사들이 쉽게 모방할 수 있지만, 가치가 명백하게 없거나 소비자들이 의미가 없다고 생각하는 하찮은 특성은 다른 브랜드에서도 신경을 쓰지 않아 하나의 브랜드만이 갖게 될 수도 있다.

따라서, 역설적으로 들릴 지 모르지만, 가장 중요하다고 여겨지는 것들이 때로는 브랜드간의 차별화 요소가 될 가능성이 가장 적을 수도 있다는 것이다. 이것은 브랜드와 기업이 경쟁하는 거의 모든 범주에 해당된다. 다수의 자동차들이 가죽시트와 선루프를 제공하며, 대부분의 제조사들이 4륜 구동장치를 제공한다. 많은 고급차 딜러들이 고객들에게 무료세차 쿠폰이나 렌터카 서비스를 제공한다. 많은 은행들이 5분 처리 창구서비스와 편리한

2) 이러지도 못하고 저러지도 못하는 진퇴양난의 상황

ATM, 무료 검색서비스를 제공한다. 이러한 특색들 중 브랜드 차별화 요소가 되는 것은 아무것도 없을 수 있다.

가치있는 특성이나 중요한 편익은 소위 포커판의 판돈처럼 "최소한으로 요구되는 내용(table stakes)"을 의미한다. 그러한 특성이나 편익은 경쟁에서 이기기 위해 필요한 것이 아니라 단지 경쟁에 참가하기 위해 필요한 비용(최소한으로 필요한 사항)을 나타낸다. 모든 맥주회사들은 반드시 "진정한 맥주의 맛"을, 모든 PC제조사들은 "안정적인 성능"을, 그리고 모든 호텔들은 "깨끗하고 편안한 룸"을 주장해야 한다.

소비자들은 이러한 테이블 스테이크[3] 편익을 기대할뿐 아니라 그것들을 요구하게 된다. 그러나 이렇게 테이블 스테이크 편익만을 제공하는 것은 브랜드 경험을 할 수 있는 최소한의 요소일 뿐이다. 그 편익들이 지속적인 브랜드 결혼을 위한 기반이 되지는 못한다.

형태적인 제품특성을 기반으로 하여 편익중심으로 브랜드 차별화에 성공한 일류 브랜드들도 소수가 있다. 이러한 브랜드들은 소비자들과 지속적으로 감성적인 연결 고리를 유지해 오기는 했지만 그 과정은 매우 천천히 진행되었고 시간이 오래 걸렸다.

찰스가 자신이 선호하는 사진의 필름 브랜드에 대해 말할 때, 중요하기는 하지만 다른 브랜드들도 제공할 수 있는 기본적인 테이블 스테이크 편익에 대한 것들을 먼저 떠올린다. 하지만 그는

3) 비즈니스 용어로 사업을 시작할 때 필요한 최소한의 요구사항 또는 필요한 것을 의미. 기본적인 필요사항이라고 할 수 있음. 예를 들면 호떡장사의 경우 밀가루와 호떡 만드는 기계, 설탕 등이 테이블 스테이크에 해당함

자신이 느끼는 독특한 감성적 친밀감과 관련된 것을 말한다. 이러한 감성적 관계는 다른 제품의 특색과는 다르게 경쟁사들에게 쉽게 빼앗기지 않는 것이다.

"여러 종류의 필름을 사용해 왔죠, 종종 특가품을 사기도 했고요, 하지만 코닥이라면 믿을 수 있어요. 칼라도 멋지고요. 프린트물도 만족할 만하죠. 잊혀지지 않게 기억을 간직하게 해 줄 수 있는 제품이라고 할 수 있습니다."

다른 브랜드들도 아마 "멋진" 칼라, 혹은 "굉장한" 프린트 결과물을 약속할 수 있을 것이다. 그러나 찰스에게는 한 브랜드만이 유일하게 "잊혀지지 않는 기억"을 간직하게 해 줄 수 있는 것이다. 브랜드 열정은 브랜드와의 강력한 감성적 유대감을 만들어 내는 모든 것이라고 할 수 있다.

Married to the Brand

Chapter 03

브랜드 관계 : 기업이 왜 관심을 가져야 하는가?

마트를 한번 걸어보자. 전 세계 마트에는 첫번째 데이트에서 소비자들에게 선택되기를 원하는 브랜드들로 넘쳐나고 있다. 미국의 경우, 마트에 있는 브랜드 수는 평균 35,000개에서 40,000개에 이르지만 이 중 극소수의 브랜드만이 소비자에게 선택된다. 많은 브랜드들은 쇠퇴되거나 사라진다.

"위대한 브랜드 관계로 가는 길" 이라는 아래의 그림을 보면, 브랜드 결혼이 어떻게 진화되어 가는 지를 보여준다. 잠재적인 상호관계의 시작을 알리는 첫 만남을 통해 유대감이 형성된다. 실제로 여러번의 데이트를 수반했을 수도 있는 브랜드 구혼의식이 끝난 뒤에야 비로소 브랜드 결혼이 형성되기 시작한다.

위대한 브랜드 관계로 가는 길

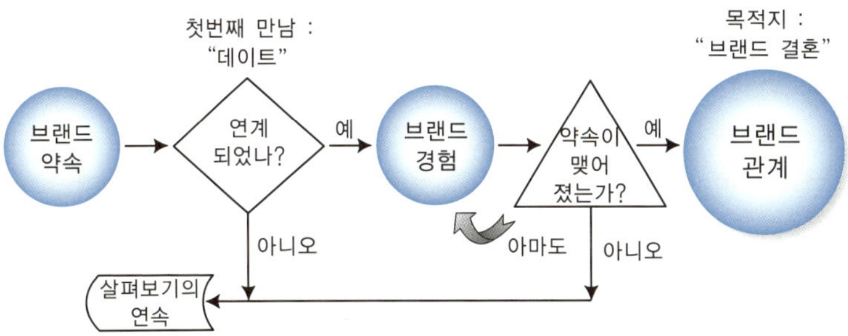

결혼이라는 최종목적지에는 특유의 소리와 느낌이 존재한다. 소비자들이 브랜드에 대해 경험한 것과 경험의 결과인 느낌에 대해 이야기를 나누어보면 브랜드 결혼의 본질을 알 수 있다.

미라클 휩(Miracle Whip : 샐러드 드레싱 브랜드)에 대한 자신의 느낌을 자랑스럽게 이야기하는 파멜라와 같이 행복한 결혼생활을 시작하는 소비자들도 다수 존재한다.

"만약 미라클 휩이 만들어지지 않았다면, 내 삶은 끝이 났을지도 몰라요. 한밤중에 일어나 샌드위치를 만들곤 하는데, 만약 미라클 휩이 없다면 나는 남편을 깨워 한 통 사오라고 할 거에요. 세겹의 토스트에 고기와 야채를 넣어 만든 클럽샌드위치에 열정을 가지고 있는 것만큼 미라클 휩에 대해서도 나는 열정을 가지고 있답니다."

파멜라와 같은 소비자들만 있는 것은 아니다. 헬렌과 같은 사람들은 화이트와인에 대해 이렇게 말한다 :

"저는 정말이지 별로 상관하지 않아요. 기본적으로 제일 저렴한 제품을 구입하죠. 사실 제품들 사이에 무슨 차이가 있는지도 모르겠어요. 크랜베리 주스와 섞어 마시면 대부분 비슷한 맛이랍니다."

그렇다면, 소비자들은 어떤 차별성 때문에 브랜드를 구입하는가? 결국, 중요한 것은 소비자들이 실제적으로 가치가 있다고 생각하는 것이 아닐까?

돈은 중요하다 : 수익성 (The Payoffs)

소비자관계에 관심이 있는 기업이라면, 사실 소비자들이 어떻게 느끼고, 어떤 경로로 그런 느낌을 가지게 되었는지가 매우 중요한 문제일 수 있다. 그것은 파멜라가 본질적으로 동일한 샐러드 드레싱에 지불하는 것보다 미라클 휩을 사는데 더 높은 가격을 지불하기 때문에 중요한 문제이다. 더 많은 돈을 지불하면서까지 미라클 휩을 구입하거나 아니면 아예 구입하지 않거나 둘 중 한가지 행동을 할 것이다.

헬레나의 경우, 적어도 화이트와인 만큼은 브랜드 관계를 맺지 못했기 때문에 파멜라와는 다르게 행동한다. 더 높은 가격을 주고 특별한 브랜드 와인을 구입할 의사가 없는 것이다. 해당 브랜드가 상을 받았거나 더 좋은 브랜드라고 할지라도, 더 매력적인 라벨이 붙어있다거나 더 친숙한 이름의 와인이라 할지라도 그녀에게는 더 많은 돈을 지불하고 구입할 만한 가치가 없는 것이다.

어떤 마케터들에게는 파멜라와 같은 타입의 브랜드관계와 헬레나와 같은 타입의 관계는 분명히 매우 다르다. 가장 최근 들어, 파멜라는 본스(Vons) 식료품점의 샐러드 드레싱 한 통을 살 수 있는 만큼의 금액인 1달러 36센트의 추가금액을 지불하고 미라클 휩을 산다. 크라프트(Kraft)사 입장에서는 본스 식료품점과 단순히 제품의 성분차이로 인해서 얻을 수 있었던 값어치 이상인 50%의 가격 프리미엄을 얻게 되는 것이다.

파멜라의 관점에서 본다면 그것은 단지 샌드위치에 얹을 샐러드 드레싱을 구입하는 것만을 의미하는 것이 아니기 때문이다. 그녀는 단순히 샐러드 드레싱을 사는 것이 아니라 자신이 만드는 샌드위치를 돋보이게 하고 자신이 만드는 샌드위치를 완벽하게 만들어 줄 수 있는 미라클 휩을 구입하는 것이기 때문이다. 그녀는 그 드레싱이 약간 시큼하고, 잘 발라진다고 느낀다. 파멜라는 수년에 걸쳐 미라클 휩을 사용해 왔고, 각각의 병에 들어있는 내용물마다 맛이 거의 똑같다고 믿어왔다. 그녀가 실제 구입하는 것은 일종의 편안함이고 클럽 샌드위치에 대한 확신은 언제나 완벽했다. 1달러 36센트의 투자에 대한 정당한 보답인 것이다.

어쨌든, 중요한 사실은 이 세상에는 매번 브랜드와 열정적으로 교류를 하는 '로열층 고객' 만 있는 것도 아니고, 브랜드와 어떤 감성적 유대관계를 갖지 않는 '불충성층 고객' 만 있는 것도 아니라는 것이다.

파멜라와 헬레나는 전형적인 타입은 아니다. 브랜드와의 충성스러운 혹은 충성스럽지 않은 관계는 제품유형에 따라 달라질 수 있다. 파멜라는 샐러드 드레싱이라는 브랜드와는 충성스러운 관계지만, 은행, 식료품점, 핸드폰 브랜드와는 충성스럽지 않은 관계를 맺고 있다.

파멜라는 미라클 휩에는 무척이나 신경을 쓰지만, 샌드위치 안에 들어가는 베이컨 브랜드에는 전혀 신경쓰지 않는다. 헬레나는 쇼핑카트에 담는 화이트 와인에 대해서는 신경을 쓰지 않지만 아메리칸 항공만을 이용하며, 스튜 레오나드(Stew Leonard) 식료품점에서만 고기를 구입한다. 그리고 왜 그런지에 대해 자랑스럽게 이야기할 것이다.

어떻게 하면 기업들은 이러한 무관심한 관계를 열정적인 관계로 바꿀 수 있을까? 어떻게 하면 헬렌처럼 화이트와인을 무관심해 하고 냉담해지는 것을 막고 파멜라가 미라클 휩에서 그랬던 것처럼 특정 브랜드와 결혼하는 열렬한 브랜드 지지자로서 다시금 태어나도록 만들 수 있을까? 이러한 문제의 해결을 위해서 우리는 충성도가 가장 높은 브랜드 결혼으로 올라가려는 목적에 대해 이해를 해야 할뿐만 아니라 결속을 강화하거나 위태롭게 하는 요소들에 대한 깊은 이해도 해야만 하는 것이다.

브랜드 관계에 대한 투자

강력한 브랜드관계를 구축하거나 유지하는 일은 쉬운 일은 아니지만, 노력할 만한 가치가 있는 일이다. 어떤 브랜드도 소비자의 100%와 결혼하지는 못하지만, 모든 브랜드가 더 많은 결혼관계를 창출하기 위해 노력한다. 30%, 40%, 50% 혹은 60%의 파멜라와 같은 소비자들을 가지고 있는 기업들이 있는 반면, 파멜라와 같은 소비자들을 거의 가지고 있지 않은 기업들도 많다.

일년에 네 번씩 미라클 휩을 구입하는 천만명의 파멜라와 같은 고객들이 있다고 가정하자. 미라클 휩은 크라프트사가 본스마트와 공동으로 판매해 온 평범한 라벨의 샐러드 드레싱 보다 5천4백만 달러나 많은 금액의 수입을 올려주고 있다는 것이다. 만약 파멜라와 같은 열정적인 소비자들이 없다면 불가능한 일인 것이다.

파멜라와 같은 소비자들을 더 많이 창출해내기 위해 기업은 브랜드의 구축과 지원을 위해 수백만 달러를 투자한다. 2004년, 크라프트사를 포함한 기업들은 자사의 브랜드를 광고하는데, 대략 1억6천6백만 달러를 투자했다. 틀림없이 가장 많은 부분을 차지하고 있기는 하지만, 기업의 총 마케팅 투자금액에 비해 광고는 일부분일 뿐이다. 광고비뿐만 아니라, 기업들은 소비자 판촉, 소매상들에게 지급하는 인센티브, 이벤트 스폰서십, 제품 품질 향상, PR캠페인, 라벨 재디자인, 그 외 다른 브랜드마케팅 활동의 운영에 돈을 투자한다.

이러한 비용을 합친다면 막대한 금액이 된다. 2004년 광고비만 보더라도, 기업들은 미국 내 여성, 남성, 그리고 어린이 소비자들 한 명당 약 570달러가 넘는 광고비를 지출했다. 기업들은 매년 이와 비슷하거나 더 많은 광고비를 지속적으로 지출할 것이다.

기업들은 다양한 방법으로 이 돈을 지출할 수 있다. 제조공장을 더 지을 수도 있고 제품원료, 라벨, 병 등을 추가로 구입할 수도 있다. 기업들은 이 돈을 비축해두거나 주주들에게 배당을 할 수 있지만, 그렇게 하지는 않는다. 설사 기업들이 현명하게 브랜드에 투자를 하지 못한다고 할지라도, 어찌되었든 기업들은 브랜드마케팅에 투자를 하고 있다. 기업들은 그들의 브랜드가 다음분기 또는 그 다음분기, 혹은 매년 계속해서 기대이상의 이익을 올릴 수 있도록 하는 중요한 투자라고 생각하고 있기 때문에 브랜드에 투자를 아끼지 않는다.

브랜드 결혼과 기업 자산

기업들은 브랜드가 기업의 자산을 나타낸다는 사실을 알기 때문에 브랜드를 만들고 키운다. 기업의 가치를 평가할 때 애널리스트들과 투자자들은 브랜드 네임과 관련된 무형의 자산에 중요한 가격 프리미엄을 부여한다.

기업들이 수년에 걸쳐 키워온 브랜드자산을 측정함에 있어서 기업의 유형자산과 투자자의 평가가치 간에는 차이가 있다. 예를 들어, 코카콜라 브랜드는 코카콜라의 트럭, 사무실, 창고, 음료를 병에 넣거나 시럽을 만드는 시설 등의 가치 보다 훨씬 더 가치가 있다는 말이다. 2008년 인터브랜드는 코카콜라 브랜드 가치를 666억 달러가 넘는 것으로 평가했다.

궁극적으로 기업의 규모나 연간 매출액이 브랜드의 가치를 결정짓는 것은 아니다. 인터브랜드가 조사한 결과에 따르면, 메르세데스 벤츠의 가치는 포드에 비해 50% 이상 가치가 있다. 또한, 샤넬은 크라프트(Kraft) 보다 더 가치 있으며, 티파니(Tiffany)는 보잉(Boeing)보다 더 가치 있는 것으로 나타났다.

따라서, 기업들이 브랜드에 투자하는 것은 당연한 일이다. 이러한 브랜드 투자는 높은 이윤을 창출해 낸다. 파멜라는 한번에 1달러36센트를 주고 제품을 구매하기 때문에 돈이 별로 되지는 않지만 이러한 소비자들이 많아지게 되면 한번에 수 만 달러도 벌 수 있게 된다. 또한 이렇게 되면 거액의 투자를 받을 수도 있기 때문에 수 만 달러를 벌어들일 수 있다.

▸ 2008년 최고의 글로벌 브랜드 ◂

2008 순위	2007 순위	브랜드 명	국가명	분야	브랜드 가치 (백만불)
1	1	Coca-Cola	미국	식음료	66,667
2	3	IBM	미국	컴퓨터 서비스	59,031
3	2	Microsoft	미국	컴퓨터 소프트웨어	59,007
4	4	GE	미국	다양한 제품군	53,086
5	5	NOKIA	핀란드	소비재 전자제품	35,942
6	6	TOYOTA	일본	자동차	34,050
7	7	intel	미국	컴퓨터 하드웨어	31,261
8	8	M	미국	레스토랑	31,049
9	9	Disney	미국	미디어	29,251
10	20	Google	미국	인터넷 서비스	25,590
11	10	Mercedes-Benz	독일	자동차	25,577
12	12	hp	미국	컴퓨터 하드웨어	23,509
13	13		독일	자동차	23,298
14	16	Gillette	미국	화장품류	22,689
15	15	AMERICAN EXPRESS	미국	금융서비스	21,940
16	16	LV	프랑스	럭셔리제품	21,602
17	17	CISCO	미국	컴퓨터 서비스	21,306
18	14	Marlboro	미국	담배	21,300
19	11	citi	미국	금융서비스	20,174
20	19	HONDA	일본	자동차	19,079
21	21	SAMSUNG	한국	소비재 전자제품	17,689
22	NEW	H&M	스웨덴	의류	13,840
23	27	ORACLE	미국	컴퓨터 소프트웨어	13,831
24	33		미국	컴퓨터 하드웨어	13,724
25	25	SONY	일본	소비재 전자제품	13,583

출처 : www.interbrand.com

그러므로, 브랜드에 대한 투자는 기업이 수익을 창출하도록 도와준다. 그러나 기업의 브랜드에 대한 투자가 소비자들로부터 이윤을 얻지 못한다면 투자에 대한 자본회수는 기대하기 어려울 것이다.

Married to the Brand

Chapter 04

브랜드 만남: 소비자와 만나기

기업의 재무구조가 건전해지기 위해서는 기업들은 기존고객과의 관계를 유지하고 확대해 나가는 것뿐만 아니라 새로운 고객을 창출해야만 한다. 라이프스테이지(Life stage) 변화로 인해 오래된 고객은 자연적으로 소멸되거나 특정 제품이나 브랜드에 대한 욕구도 사라질 수 있다. 그러므로 모든 브랜드는 고객들을 첫 데이트 장소로 이끌고 새로운 잠재고객들을 지속적으로 유인해야 한다.

시험적인 첫 데이트는 두 번째, 세 번째 데이트로, 그리고 계획대로 된다면, 브랜드 결혼으로 이어져야만 한다. *"진정한 브랜드의 위대함이란 브랜드에 대해 인지하고 있는 잠재고객의 수나 첫 데이트를 경험한 고객 수가 아니라 강력한 브랜드 결혼관계를 유지하고 있는 고객의 수를 반영하는 것이다."*

소비자들이 처음부터 충성도가 높은 소비자들이었던 것은 아니다. 파멜라가 처음부터 미라클 휩에 열정적이었던 것도 아니었으며, 마티 역시 태어날 때부터 스타벅스에 이끌린 것은 아니다. 그리고, 톰이 처음부터 모든 자동차 브랜드가 같다고 받아들인 것도 아니다. 이렇게 브랜드가 소비자와 관계를 맺거나 맺지 못하는 것은 모두 서서히 진행되고 발전되는 것이다.

브랜드관계는 브랜드와의 첫번째 경험이라 할 수 있는 첫 거래를 통해 시작된다. 이러한 첫 경험은 그 자체로 하나의 결과라고도 할 수 있지만, 소비자와 브랜드간에 일어나는 여러번의 만남을 통해 결국 구매로 이어지는 것이다.

이러한 구애(courtship)를 목적으로 한 만남은 보통 단순하고도 우발적인 것이다. 잠재적인 데이트라고도 할 수 있는(예를 들면 선반 위, 도로변, 쇼핑몰 혹은 오피스 빌딩에서) 브랜드를 보는 것에서부터 기사, TV광고, 웹사이트, 브로슈어를 통해 브랜드에 대해 읽고 듣는 모든 것이 이에 해당된다. 또한 이러한 우연한 만남은 기업의 직원 또는 판매원과 같이 다양한 부류의 브랜드를 대표하여 고객과 접촉하는 사람들을 통해서 이루어진다.

브랜드를 구매하기 전에 브랜드와 만나게 되는 것은 종종 브랜드 구매자나 사용자 혹은 그러한 경험이 있었던 사람들 – 브랜드와 행복한 결혼생활을 시작하였으나 씁쓸한 이혼을 경험한 사람들 – 과 접촉하는 과정에서 이루어진다. 이러한 종류의 만남은 어떤 브랜드가 선택되고 어떤 브랜드가 제외되는지를 결정하는 아주 중요한 척도가 된다.

가공되지 않은 남성적 힘을 상징하는 할리데이비슨이나 티파니의 세련된 우아함의 매력을 브랜드와의 첫 만남에서 하나의 분명한 브랜드 메시지를 전달하는 것처럼 보이기도 한다. 하지만 대부분의 경우, 이러한 첫 만남에서는 브랜드와 소비자관계를 긍정적으로 만들 정도로 분명한 메시지를 전달하기가 쉽지 않다.

이렇듯 구매전에 브랜드와의 우연한 만남을 관리해 나가는 것은 정말 만만치 않은 일이다. 광고나 패키지 디자인, 상점배치, 그리고 PR과 같은 단순한 만남을 통해서는 기업이 커뮤니케이션하고자 하는 브랜드 메시지의 일부만 전달할 수 밖에 없는 것이다. 그러나 이러한 메시지들이 다른 고객들로부터 구두로 전해지거나, 미국의 텔레비전 뉴스매거진인 "60 Minutes"을 통한다거나 혹은 인터넷에 떠도는 소문을 통해서 전달되지는 않는다는 것이다. 또한 이러한 메시지들은 경쟁사가 무엇을 하는지, 무엇을 제공하고 있는지에 대해 말해 주는 것도 아니다.

기업들은 브랜드와 관련한 메시지의 다양성을 인정하고 있고, 적극적으로 소비자와 접촉하기 위한 새로운 방법들을 찾고 있다. – 웹사이트나 블로그와 비교해 볼 때 전통적인 광고 캠페인의 영향력은 다소 떨어지는 것이 사실이다. 이러한 방법에는 영화속 PPL(Product in Placement : 영화나 드라마의 소품으로 등장하는 제품)에서부터 소비자들로 하여금 게임을 즐길 수 있게 하거나, 캠페인으로부터 받는 메시지를 결정하는데 있어 더 능동적인 역할을 하게 하는 쌍방의 웹사이트까지 다양한 방법을 포함한다.

브랜드를 우연히 접하게 되는 소비자들이 브랜드에 대해 말하는 내용들이 정확하게 일치하지 않더라도 브랜드에 대한 소비자 각각의 의견들은 향후 브랜드를 통해서 얻게 될 성과에 영향을 미치게 된다.

관계 창출과 장애 극복의 시작

브랜드관계를 형성하는 과정은 브랜드 약속(Brand Promise)으로부터 시작된다. 그러나 이러한 약속을 받아들이고 인지하는 것은 관계형성을 위한 첫 걸음에 불과하다. 소비자들이 구매하지 않거나 앞으로도 구매할 의사가 없는 그런 브랜드들은 많이 존재한다.

여기에 반드시 전제가 되어야 하는 것이 있는데, 바로 브랜드 약속이 과연 소비자들과 연결되어 있는가 하는 점이다. 잠재고객들은 기업들이 약속한 브랜드 경험이 독특하고 매력적일뿐만 아니라 직접적이고 개인적으로 경험을 하게 되는 것이므로 항상 관심을 갖고 있어야 한다. 또한 잠재고객은 브랜드 사용자나 고객으로서 스스로를 상상할 수 있어야만 한다. 그리고 잠재고객은 브랜드가 개인적으로 고객 자신에게 어떠한 의미를 갖는지를 느껴야만 한다.

기업이 제공하는 브랜드 약속이 잠재고객과 브랜드 사이에 어떤 감성적 친밀감을 이끌어내지 못한다면 홍보를 – 무료체험 또는 쿠폰과 같은 – 통해 지속적으로 경험을 하게 하더라도 오래 지속될 수 있는 유대감을 창출해 내지 못할 것이다. 쿠폰이나 할인혜택이 첫 번째 데이트의 효과를 증가시킬 수는 있지만, 지속적인 결혼의 기초가 되기에는 부족하다. 쿠폰은 본질적으로 뇌물과 같다. 쿠폰은 다음 뇌물이 제공될 때까지만 지속적인 관계를 만들어낼 뿐이다. 만약 할인혜택이 없어진다면, – 예를 들어 자동차회사에서 무이자 혜택을 더 이상 하지 않게 된다면, 고객들과의 관계 역시 사라지게 될 것이다.

브랜드 약속이 소비자와 연계되었다 할지라도, 브랜드관계로 가는 길에 여전히 장벽은 존재한다. 어떤 상황은 새로운 관계로 가는 길을 더욱 복잡하게 만들기도 한다. 소비자들이 브랜드를 바꾸려고 할 때 현실적으로 어려운 경우가 있다. 예를 들어, 만약 현재 사용중인 브랜드가 공급자와 계약상의 관계로 묶여 있다면, 브랜드를 바꾸는 것은 매우 어려울 수 있다. 이러한 상황에서 기업은 브랜드를 바꾸는데 들어가는 잠재적인 비용이나 어려움을 극복하고, 강력한 결혼이라는 여정으로 잠재고객이 움직일 수 있도록 인센티브나 프로모션 등의 방법을 활용할 수 있다.

브랜드 전환의 어려움이 극복된다면, 연관된 브랜드 약속은 첫 번째 데이트가 될 수 있다. 이러한 견지에서 직접적인 체험은 상당히 중요하다. 두 번째 데이트는 첫 번째 데이트를 하는 동안 어떤 일이 있었는지에 따라 달라지게 된다.

그러나 이런 모든 것은 브랜드 약속으로부터 출발한다는 점을 알아야 한다.

잠재력을 가진 약속

모든 브랜드 약속이 동등하게 만들어지는 것은 아니다. 이는 모든 약속이 똑같이 열정적인 관계를 시작하게 하는 것은 아니다라는 것을 의미한다. 잠재력을 가진 약속만이 매우 넓게 퍼져 나가게 되어 만족스럽게 변화할 수 있는 것이다. 그러나 목표가 브랜드관계의 기초를 만드는 첫 번째 데이트라고 한다면, 강력한 브랜드 약속은 다음의 질문에 대해 긍정적인 소비자 반응을 이끌어 낼 수 있을 것이다.

✓ 믿을만한가?

✓ 설득력있는가?

✓ 잠재고객과 소통하고 있는가?

"잠재고객으로부터 고객으로의 전환"은 브랜드 관계로 가는 길의 첫 부분을 강조하고 있다. 이 그림은 브랜드를 처음 구매하기 이전의 만남에서부터 첫 데이트에 이르기까지의 과정을 도식화한 것이다. 그리고 소비자들이 초기단계에 브랜드관계를 활성화하기 위해 넘어야 하는 장애물이 무엇인지 그리고 의미있고 영구적인 관계를 형성하기 위해 소비자들이 브랜드의 잠재능력을 테스트할 때 발생이 예상되는 장애물들이 무엇인가에 대한 설명을 해주고 있다.

잠재고객으로부터 고객으로의 전환

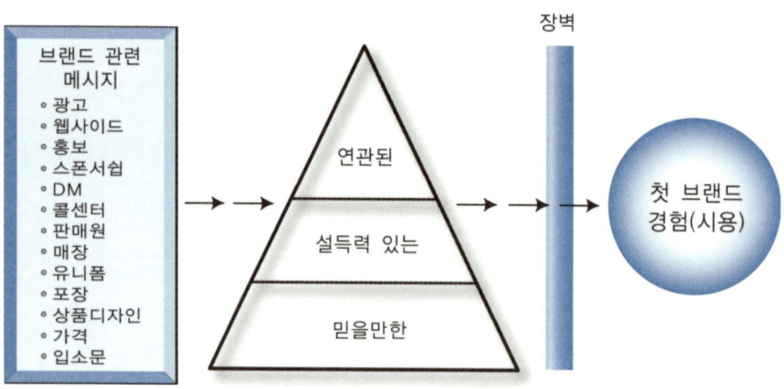

소비자와 연결되어 있는 약속

브랜드 약속이 새로운 고객을 끌어들일 만큼 강력하다는 사실을 증명하는 것은 쉽지 않다. 결정적인 요인을 찾아내는 핫버튼(hot-button)은 어디에도 존재하지 않으며, 독신남녀들이 데이트 상대를 찾아 모이는 술집인 싱글즈바에서 누군가가 나에게 다가와 별자리가 무엇인지 물어보는 일 따위는 없다는 것이다. 첫 데이트는 어디까지나 소비자들의 의사에 달렸다는 것이다.

목표가 브랜드 결혼이라고 한다면, 지속적인 관계가 아닌 첫 데이트만을 만들어낼 수 있는 구혼 약속들은 없애야만 한다. 오랜 기간 지속될 수 없는 약속들은 효과가 없음이 증명될 것이다. "안녕, 선원 아저씨, 도시에서 오래 머무르시나요?"와 같은 문구들에 비한다면 "기적의 치료제", "무료!" "20분내에 20파운드를 감량해 드립니다." 혹은 "이것은 당구공에서도 털이 자라게 합니다."와 같은 문구들로 브랜드 결혼을 창출한다는 것은 어려운 일이다.

어쨌든, 잠재고객과 감성적으로 연결될 수 있는 – 적절한 타이밍에 나타나는 – 다양한 형태의 약속이 존재한다. 이것들은 여러 번의 시도를 거쳐서 기초를 튼튼하게 만든다. 그러나 이러한 브랜드 약속들이 믿을만하게 제공되고 설득력있게 지원될 때만이 잠재력이 현실화된다는 것이다.

- *문제해결형 :* 소비자와 관계를 맺기 위해 가장 오랫동안 사용하고 있지만 잘못 활용하고 있는 방법 중 하나가 바로 문제해결형 접근이다. 소비자들의 관심에 독특한 해결책을 제공하는

브랜드 약속이 있다고 가정하자. 기업들이 이렇듯 신뢰성이 부족한 사소한 문제나 해결책에만 집중하는 경우 이러한 접근방법은 실패할 수 있다. 소위 인생의 실제 모습을 엿보게 해주는 광고 – 전업주부가 등장해서 최신 세탁세제로 인해 부부사이의 불화를 치유하여 인생 자체를 다시금 가치있게 만든다며 그녀의 이웃들을 설득하는 – 에서 우리는 이러한 접근방법을 찾아 볼 수가 있다.

드러난 문제점들이 현실적이며 개인적으로 연관된 것이고, 해결책들이 명확하며 단도직입적인 경우에, 이러한 접근방법을 통해 브랜드와 잠재고객들은 즉각적인 교류를 하게 된다. 왜냐하면, 이러한 접근방법이 투명하게 잘 실행될 때 잠재고객들은 브랜드를 지각할 수 있기 때문이다. 이것은 결국 브랜드와의 강력한 개인적 교류를 위한 기반이 된다.

버거킹도 한 때 이러한 접근방법을 사용했었는데, 버거킹은 고객들에게 한 가지 타입의 햄버거가 다른 모든 햄버거와 일치한다고 말하는 대신에 버거킹에서 "당신의 방식대로 즐기세요"라는 슬로건을 내걸었다. 버거킹은 한가지 타입이 모든 버거에 적용될 수 있다는 사실을 숨길 이유가 없었으며, 대신 버거킹에서는 "당신의 방식대로 즐기세요"라는 슬로건을 내세우며 강조하였다.

차량용 네비게이션 시스템을 만드는 GM의 자회사인 온스타(OnStar)는 갑작스런 공장폐쇄에서부터 차량도난에 이르기까지 발생되었던 각종 문제들의 해결책으로 그들이 가지고 있는 서비스 혜택을 생생하게 보여주어 왔다. 페덱스(Fedex)

는 야간 배달물의 분실문제를 드라마로 만들어서 페덱스는 소포를 제시간에 목적지에 분명하게 배달한다는 약속을 하면서 고객을 안심시켰다.

⊙ *확신(Reassurance)* : 브랜드 성과가 매우 좋지 않고 소비자들이 속아온 것처럼 느끼는 상황에서, 브랜드는 잠재 구매자들에게 마음을 편안하게 해주고 확신을 제공함으로써 열정을 이끌어 낼 수 있다. 이것은 강력한 동기부여가 될 수 있다.

신규 통신서비스사업자의 연구에 의하면, 많은 기업들이 경쟁사보다 우위에 있다는 사실을 증명할 수 있다고 하더라도, 기업이 제공하는 브랜드 약속이 첫 데이트에서 잠재소비자를 재미있게 해 주지는 못한 것으로 조사되었다. 잠재고객들은 다양한 최첨단 제품, 매우 우수한 국제화 경쟁력, 그리고 기술자원과 전문가와 같은 요소에 의해서는 감동을 받지 않는다. 또한 잠재고객들은 기업이 제시하는 낮은 가격에 의해서도 감동을 받지 않는다고 한다.

잠재고객이 호감을 보이는 부분은 문제가 생기지 않을 것이라는 것에 대한 절대적 확신이었다. 이유는 간단하다. 통신회사가 어떤 서비스를 소개할 때, 고객들은 통상적으로 서비스 장애, 통신장애, 불만족스러운 통화 품질에 대해 실망해 왔다.

소비자들은 가격이 더 싸다는 것에는 별로 관심이 없다. 단지 소비자들은 더 좋다는 것에 관심이 있을 뿐이다. 여기서 "더 좋은 것"은 하이테크 제품이라기 보다는 심리적으로 안정을 주는 믿음직스러운 제품을 말한다.

문제해결형 소구방법처럼 제품성능소구는 잠재고객이 동기를 유발할 수 있을 정도로 신뢰할만한 것이어야 한다. 왜냐하면 잠재고객은 컨슈머리포트 같은 객관적인 자료나 친구나 비평가들의 추천이 있을 때 성능보장 약속을 제대로 느낄 수 있기 때문이다. 페덱스(Fedex)는 약속이 지켜지지 않고 물품이 분실되는 것이 자연스럽게 생각되는 상황 속에서 매우 독특하고 의미있는 약속을 제공하여 성공한 사례이다.

브랜드라는 것은 일종의 "배지(badge)"로서, 혹은 구매자나 사용자에 관한 것을 이야기하는 외부신호로서 소비자에게 서비스를 하면서 새로운 교류를 창출해 내기도 한다.

⊙ *명성(Prestige) :* 브랜드 배지(badge)는 고객이 다른 평범한 사람들과는 차이가 있고 특별한 존재임을 나타내 주는 일종의 신분과 같은 것이라고 말할 수 있다. 몽블랑 펜이나 루이비통 지갑, 재규어 자동차, 로렉스 시계 등이 명성자체를 상징적으로 표현한다. 하지만 고객들은 이러한 제품들이 단순히 가격만 높기 때문에 브랜드에 품위가 있다고 느끼지는 않는다. 소비자들이 고급승용차를 자신들의 차고에 한 대쯤 두고 느끼는 프라이드와 유사하다는 사실을 밝혀냈다. 또한 더 비싸고 상류층을 위한 브랜드가 훨씬 가격이 저렴한 매장의 브랜드와 경쟁하면서 소비자들에게 프라이드를 주지 못하는 경우도 있다. 가격이 항상 명성과 같은 것은 아니다.

⊙ *개인적 신분(Personal Qualities) :* 다른 의미에서 이러한 브랜드 배지는 브랜드 구매자나 소유자와 연관된 개인적 신분

을 표현하려고 노력하고 있다. 이러한 개인적 특성들의 범위는 매우 광범위하고 다양한 제품과 서비스 범주에서 찾아볼 수 있다. 펩시의 "젊고 생동감 있는(Young and alive)"이라는 배지는 "스스로 젊다고 생각하는 사람들"이라는 특징을 표현하기 위해 사용되었다. 메릴린치의 "황소같은(bullish)" 광고는 스스로를 "영리한(Smart)"이라거나, "정통한(Savvy)"이라고 생각하는 개인 투자자들을 대상으로 만든 것이다. 나이키의 "경쟁력 있는 결단(Competitive determination)"은 "절대 포기하지 않는(Never give up)" 특성을 나타낸다.

이러한 배지가 갖는 메시지는 – 명성이라는 약속에 초점을 맞추든지, 아니면 다른 개인적 특성에 초점을 맞추든지 – 다양하게 변화할 수 있다. 그러나 개인적인 특성이 매우 매력적이면서 브랜드와의 교감이 믿을만할 때만이 배지가 갖는 메시지들이 쉽게 연결될 수 있는 것이다.

- *멤버십(Membership)* : 동일한 브랜드에 대해 결혼관계를 맺고 있는 소비자들은 서로에 대해 동질감을 느낀다. 할리데이비슨 소유자들, 리눅스 사용자들, 포르쉐 소유자들, 맨체스터유나이티드 팬들, 그리고 젯블루(JetBlue) 애용자들이 이런 식의 느낌을 공유한다. 그러므로 브랜드와의 첫 데이트는 이렇듯 잠재적으로 브랜드에 대해 형제애 같은 것을 느끼는 외관상의 매력 때문에 시작될 수 있는 것이다.

- *기억 제동장치(Memory Triggers)* : 브랜드는 또한 특별한 순간이나 기억들과 강력하고 직접적으로 연결되면서 형성

된 개인의 강력한 암시와 같은 역할을 할 수 있다. 일리노아에게 있어서 식기장에 들어있는 몰튼 소금은 가족과 함께 했던 식사, 따뜻한 부엌, 식사시간의 대화를 떠올리게 한다.

세리와의 대화는 브랜드의 이러한 중요한 기능을 설명해 준다.

"어렸을 때, 우리 가족들은 언제나 라구(Ragu) 스파게티 소스를 사용하곤 했어요. 대학을 졸업하고, 스스로 스파게티를 만들기 시작했지요. 이따금 옛 향수를 불러일으키는 음식이 그리워지면, 라구소스로 스파게티를 만들곤 하는데, 그것만으로도 한결 기분이 좋아진 답니다."

이러한 경우, 첫번째 데이트는 오래전에 사려져 버렸지만 기억만은 항상 좋게 남아있는 부모 혹은 친구들에 의해서 이루어지는 소개팅과 같은 것이다. 그러나 모든 브랜드가 이러한 기억을 생각나게 해 주는 것은 아니다. 또한 모든 브랜드가 연관된 감성을 불러일으키는 것도 아니다. 모든 소비자가 엄마나 아빠, 혹은 할머니가 했던 것에 동일하게 가치를 부여하는 것도 아니다. 그러나 그런 향수를 불러일으키는 브랜드들에 대한 기억은 첫 데이트를 만들어 내는 강력한 동기가 된다.

⊙ *자아성취(Self-Completion)* : 마지막으로 브랜드는 고객들이 실제로 느끼는 자아와 그들이 열망하는 이상형간의 차이를 보충하도록 도움을 주어 소비자들의 감성적인 가치를 배가

시키는 자아성취의 수단으로써 활용될 수도 있다. 말보로는 단지 니코틴을 흡입하기 위해 비가 오거나 추운 날씨를 무릅쓰고 사무실 건물밖으로 나오는 사람으로서의 이미지가 아니라, 거칠고 개인주의적인 느낌을 주는 카우보이로 보여지기를 원하는 흡연자들의 욕구를 이용하였다.

자아성취를 위한 약속이라는 것은 종종 고객자신의 가치를 나타내주는 보증서와 같은 역할을 한다. 로레알(L' Oreal)이 광고에서 "난 소중하니까요"라고 메시지를 던졌던 것처럼. 결국 첫 데이트라는 것은 소비자의 기대와 브랜드가 나타내고자 하는 것이 정확하게 일치한다는 사실을 인지하는 것처럼 감성을 자극함으로써 성사된다. 여기에서 브랜드가 고객에게 하는 약속이라는 것은 단순히 하나의 제품이 무엇이다 라는 명제보다는 소비자가 그 제품이 어떤 의미를 갖기를 원하는가에 더 초점을 맞추고 있다.

브랜드관계의 이러한 양상은 더글러스 홀트(Douglas Holt)가 "정체성 브랜드(identity brands)"라고 명명했던 것과 유사하다. 이러한 브랜드는 위에 언급된 배지 브랜드와는 질적으로 차이가 있다. 자아성취 브랜드들은 단지 사회적 상태나 위신이 아닌 고객들이 꿈꾸어 왔거나 혹은 열망해온 특별한 개인적 정체성을 반영한다. 이러한 브랜드 메시지는 고객들에게는 개인적이고 내적인 표현이기도 하고, 친구들이나 주변인들에게 보이고 싶어하는 외적 메시지라고도 할 수 있다.

깨진 약속과 사라진 기회

브랜드 약속을 만들때, 소비자들이 자신들에게만 제공된다고 생각하는 특별한 혜택이 존재하지 않는 경우에는 소비자의 잠재적 열정을 이끌어낼 수 없다. 일반적인 테이블 스테이크 약속 역시 깨어진다. 고객들은 방문, 한번의 거래, 짧은 관계 등 첫 데이트에 유혹된다. 그러나 부주의하고, 부적절하고, 일관성이 없는 약속을 전달하게 되어 관계가 악화되었을 때, 고객들은 즉시 혹은 결국에는 관계를 끊게 된다. 따라서 기업들은 이렇게 관계가 악화되지 않도록 최선을 다해야 한다.

Chapter

05 지속적인 관계의 시작

최근 잠시동안 머무른 호텔이 있다고 가정하자. 그 호텔은 당신에게 광고, 홍보, 브로슈어, 웹사이트, 예약담당직원을 통해 브랜드 약속을 했었을 수도 있다. 이러한 약속은 당신이 읽은 여행잡지 혹은 리뷰 기사에 의해 더 공고하게 되었을 수도 있었을 것이다.

그러나 브랜드 약속을 유지하는 것은 호텔외관, 데스크 직원의 친절함, 객실상태와 가구에 대한 인상 등 다양하다. 그것은 룸 서비스 샐러드의 미각적 매력, 비즈니스 센터에 있는 컴퓨터의 속도 또는 수영장 타월 사용이 얼마나 편리한 가도 해당될 수 있을 것이다.

브랜드 약속을 유지하는 것은 호텔의 위치, 호텔룸의 크기, 가격 등과 같이 호텔이 관리를 통해 직접적으로 통제할 수 있는 것, 호텔직원의 친절함이나 따뜻한 분위기와 같이 간접적으로 통제할 수 있는 것, 또한, 우연한 소방경보, 새벽 2시에 비상식적으로 아리아를 불러대는 이웃 투숙객 등과 같이 전혀 제어할 수 없는 요소도 있다.

그럼 이제, 당신이 한번 호텔을 이용할 때 마다 체류하는 평균기간에 499개의 서로 다른 특성을 곱해보면, 힐튼호텔과 같은 기업들이 해결해야만 하는 과제들을 찾아낼 수 있게 된다. 각각의 힐튼호텔이 가지고 있는 특성은 브랜드 약속을 이행하거나 혹은 불이행할 수 있는 무수한 기회를 가지고 있다는 것이다. 각각의 객실, 레스토랑, 청소직원, 전화교환원 또는 유지보수 직원들은 모두 차별성을 제공할 수 있다. 모든 접촉 포인트에서 동일한 수준의 프로정신, 세련된 매너, 그리고 수행능력을 통해 동일한 브랜드 약속을 매 순간 전달해야 하는 과제를 안고 있는 것이다. 브랜드 약속은 무의미하고 효과없는 슬로건이 아니라 모든 고객접점에서 일관성있게 이행되어야 한다.

브랜드와의 소통, 그리고 실패

브랜드와의 첫 만남이 모두 데이트로 연결되는 것도 아니고, 거의 모든 데이트가 결혼으로 이어지는 것도 아니며, 거의 모든 브랜드 결혼이 지속되는 것도 아니다. 리노(Reno : 미국 네바다주에 있는 도시로 이혼으로 유명한 도시)에서보다 브랜드 세계에서의 이혼은 더 흔한 일이다.

수십년 동안, 새로 출시된 식료품의 80%가 한 시즌을 넘기지 못했다. 일부 보고서에 따르면 신제품의 실패율이 94%에 달하는 것으로 나타났다. 신제품들이 모두 제품개발 전문가들의 노력에 의해 만들어졌지만 대부분이 테스트 과정을 거쳤고, 타깃 소비자들로부터 많은 양의 자료를 수집하는 과정 역시 거쳤다. 이 제품들은 호기심을 자극하는 이름과 특색 있는 로고, 매력적인 패키지와 함께 시장에 출시되었다. 지금이라면 좋은 위치에 진열하는 대가로 돈을 지불하지만 과거에는 단순하게 식료품점에 마구잡이로 진열할 뿐이었다. 종종 TV 광고 및 전략가들과 수상경력이 있는 카피라이터들에 의해 만들어진 캠페인도 실시했다.

그럼에도 불구하고, 그 브랜드들은 실패했다. 많은 브랜드들이 실패했다. 그리고 앞으로도 많은 브랜드가 실패할 것이다. 이렇게 계속 실패하는 이유는 그 브랜드들의 마케팅 방향을 잘못 잡았기 때문이다. 브랜드관계를 구축하는데 초점을 두지 않았기 때문이다. 대신, 그들은 소비자들에게 브랜드 이름을 짓고 광고의 인지도를 높이며, 매력적인 패키지를 만들어내고, 호기심을 자아내는 약속을 개발하는 것에만 초점을 두었다. 그들이 초점을 둔 것은 첫 데이트를 만들어 내는데 필요한 것이었지, 데이트를 지속적으로 유지하는 결혼으로 이어지게 하는 것은 아니었다.

그들은 독특한 브랜드 이름을 만들었지만 다른 브랜드와 차별적인 브랜드 경험을 제공하지는 못했다. 간단히 말해, 소비자와 연계될 수 있는 무엇인가가 빠져 있었던 것이다. 대부분의 산업에서 이러한 문제를 볼 수 있다. 한때 자동차업계에서 명성을 날렸던 리더들인 플리머스(Plymouth)와 올즈모빌(Oldsmobile)은 더 이상 리더가 아니다. 스튜드베이커(Studebaker), 에셀(Edsel), 패커드(Packard), 데소토(Desoto)처럼 쇠퇴했던 것이다. 항공사, 백화점, 은행, 보험중개인은 합병되거나 흡수되었고 친숙한 브랜드 이름은 사라졌다. 또한, 웹사이트와 닷컴 마케터들은 하룻밤 사이에 펜트하우스에서 파산법정으로 옮겨갔다.

"내가 최고다."

처음으로 되돌아가 보자, 본질적으로 브랜드를 기업이 만든 약속이라고 한다면, 그 약속은 의미가 있는 것이어야 한다. 또한 약속은 소통이 되어야 하고 내부적으로는 기업의 "약속 지킴이"에게, 외부적으로는 현재고객과 잠재고객들에게 공유되어야 한다.

브랜드 약속에는 세가지 필요조건이 있다 : 믿을만한 것이어야 하고, 설득력있는 것이어야 하며, 소비자들과 개인적으로 연계되는 것이어야 한다. 이 세 가지 필요조건들은 브랜드 약속이 브랜드 관계의 준비단계이기 때문에 깊이 탐구할 만한 가치가 있다.

첫째, 약속은 브랜드의 잠재구매자, 브랜드를 시험삼아 사용해 보는 사람들, 브랜드와 데이트하는 사람들에게 전달되어야 할뿐만 아니라 믿을 수 있어야 하는 것이다. 약속은 반드시 신뢰성을 갖고 있어야 한다.

그러나 이것은 소비자들이 즉시 새로운 약속을 받아들여야 함을 의미하지는 않는다. 잠재적으로 강력한 브랜드 약속은 처음에는 회의적인 반응을 이끌어 낼 수도 있다. ("실제로 그 약속이 그렇게 되는 것인지 아닌지가 의심스럽군") 광고회사 레오버넷(Leo Burnett)의 조사가 수세기 전에 증명했듯이, 호기심을 불러 일으키는 것(더 알려고 하는 욕망)과 노골적으로 불신감을 불러 일으키는 것(기업이 전하려고 했던 메시지에 대한 무조건적인 거부) 사이에는 중요한 차이점이 있다. 호기심을 자극하는 약속들은 소비자들로 하여금 더 깊게 탐구하고, 더 자세히 조사하며, 호기심을 불러 일으키는 제안을 시험해 보도록 자극

한다. 브랜드 약속에 대한 호기심은 첫 데이트를 불러 일으킬 수도 있다. 약속을 배제한다면, 첫 데이트를 불러 일으키는 일은 불가능하다.

첫 번째 신뢰에 대한 장애를 극복하는 것은 간단해 보이지만, 사실 단순한 문제는 아니다. 브랜드 약속을 공유하기 위해 전통적으로 이용해왔던 커뮤니케이션 수단인 매스미디어 광고에 집착하는 일부 마케팅 컨설턴트들은 점점 설 자리를 잃고 있다. 또 다른 이들은 광고가 핵심 기능(즐겁게 해주는 것이 아닌 판매라는)에서 빗나가고 있고, 오랜 기간 과장되고 지켜지지 못한 약속 때문에 소비자들이 가장 창의적인 광고의 매력에도 무감각하게 되어왔기 때문에 이제는 제 기능을 못하고 있다고 주장한다. 홍보와 입소문은 소비자들에게 신뢰라는 메시지를 전달하는 수단이기 때문에 전문가들은 이제 이러한 홍보와 입소문을 브랜드 구축의 중요한 수단으로 생각하고 있다.

믿어주세요...

자동차에서부터 냉동식품에 이르는 다양한 카테고리에 대한 한 연구조사에 의하면, 선두 브랜드들에 의해서 주장되는 소유권에 관해 많은 회의감이 있음이 밝혀졌다. 그런 소유권을 주장하는 기업들이 단순히 기업의 규모, 전통 혹은 시장지배력 때문에 존경을 받을 수도 있다는 것이다.

갤럽은 잠재 소비자들과 브랜드와의 첫 데이트에 대한 신뢰성(Credibility)을 측정하는 상호연관된 비율척도를 개발하여 테스트 해왔다. 브랜드가 고객들과 약속한 것을 지키기 위해서 반드시 책임져야 하는 것 중에 '믿음' 이라는 것은 단순히 이러한 브랜드 약속들이 충분히 믿을만하다는 의지표명 이상의 의미를 가진다. 즉, 소비자들이 브랜드 약속이 진정 무엇인지를 분명히 인지해야만 한다는 것을 말한다.

네 가지의 "신뢰성" 척도는 아래와 같다.

✓ [○○브랜드]는 내가 언제나 신뢰할 수 있는 이름이다.
([Brand] is a name I can always trust.)

✓ [○○브랜드]는 언제나 약속을 이행한다.
([Brand] always deliver on what they promise.)

✓ [○○브랜드]는 매우 인정받는 브랜드 네임이다.
([Brand] is a highly respected brand name.)

✓ 나는 [○○브랜드]가 무엇을 나타내고 어떤 차이점이 있는지를 안다.
(I know what [Brand] stands for and what makes them different.)

자동차 구매자들의 내면을 잠깐 살펴보면, 자동차 제조기업은 잠재고객의 의구심이나 냉소주의를 극복하려 할 때 무엇에 맞닥뜨리는지를 알 수 있다. 대다수의 잠재고객들이 주요 국내외의 자동차기업에 대해 인정받는 브랜드라고 생각한다 하더라도 잠재고객 중 3분의 1만이 주요 자동차회사의 홍보에 대해 언제라도 믿을만하다고 생각한다. 또한 이보다 더 적은 수의 잠재고객들만이 주요 자동차기업이 그들의 약속을 언제나 이행한다고 생각한다.

우리 연구에서 자동차 잠재고객의 3분의 2정도가 자동차 회사의 브랜드가 전하고자 하는 메시지에 강한 회의감을 가지고 듣기 시작한다는 점이다. 그들은 브랜드가 한 맹세가 잘 지켜질지 그렇지 않을지 확신을 갖지 못하고 있다. 이게 우리가 첫 데이트에서 기대했던 것은 아닌 것이다.

별로 특색이 없는 햄버거를 소비자들에게 먹도록 마케팅하는 것이 쉽지 않음에도 불구하고 이렇게 마케팅하는 마케터들이 존재한다. 10명 중 4명의 패스트푸드 소비자들만이 유명 패스트푸드 체인에 대한 맹목적 신뢰를 가지고 있었다. 패스트푸드 소비자들의 반 정도가 국민적 차원의 이 브랜드 네임을 높이 평가하고 있지만, 그 체인이 항상 약속한 것을 지키고 있다고 생각하는 소비자들은 훨씬 적은 수에 불과했다. 고객이 아닌 사람들과 첫 데이트를 하는 잠재고객들은 일반적으로 패스트푸드 브랜드들이 약속을 지키기 위해 노력하거나 약속을 지킬 능력이 있다는 사실에 의구심을 갖고 있는 것으로 나타났다. 잠재고객들에게 패스트푸드 브랜드들이 약속을 지킬 것이라고 설득하는데 수백만 달러가 지출되었다고 할지라도 장애물은 여전히 존재한다.

각각의 브랜드 카테고리에 있어 대다수의 잠재고객들은 브랜드 메시지가 비록 큰 목소리로 빈번하게 창의성있게 전달되어 왔다고 할지라도, 브랜드가 언제나 그 약속을 지킬 수 있다고는 믿지 않는다. 높은 수준의 브랜드 인지도나 기업 비즈니스 성공에 대한 보편적인 관심에도 불구하고 브랜드가 약속을 잘 지킬 수 있을 것이라고 믿지 않는 것이다. 브랜드에 대한 제안을 듣기는 했으나 신뢰하지를 못한다면, 첫 데이트를 하는 잠재고객들은 냉랭한 반응을 보일 것이다.

모호한 약속

기업이 한 약속에 소비자가 신뢰를 하지 못하는 중요한 이유가 있다. 소비자들이 신뢰하지 못하는 이유는 단지 소비자들이 기업의 약속이 무엇인지, 무엇을 의미하는가를 모르기 때문이다. 또한 많은 기업들이 차별화된 약속을 표현하지 않기(혹은 표현하지 못하기) 때문이기도 하다. "저를 구매하세요"라는 메시지가 브랜드 약속이 아닌 것처럼 "여기에서 쇼핑하세요", "저희 은행과 함께 하세요"와 같은 메시지들 역시 희망사항이거나 목표일 뿐 분명한 약속이라고는 할 수 없다.

한 조사에 따르면, 다양한 제품과 서비스 카테고리에서 소비자들이 브랜드 광고를 듣고 보았다고 할지라도, 무엇 때문에 그 브랜드가 다른 브랜드와 차이가 있는가를 여전히 알지 못한다는 사실이다. 조사 범주와는 상관없이, 잠재고객 중 절반도 안 되는 사람들만이 그 브랜드가 무엇을 의미하고 다른 브랜드와 어떤 차이가 있는가를 알고 있다고 대답했다. 그러므로 소비자들은 브랜드가 제공하는 것을 인정하거나 신뢰할 수 없다고 느끼고 있다.

고객이 브랜드와 첫 데이트를 하기 전에 이미 브랜드에 대한 불신이 존재할 수도 있다. 이 점은 새로운 관계를 만들고자 하는 브랜드가 반드시 극복해야 하는 점이다.

설득력 있는 약속

신뢰성을 가진 브랜드 약속은 이제 두 번째 과제에 봉착한다. 약속은 반드시 설득력 있는 것이어야 한다. 소비자들은 자신들이 개인적으로 구입한 브랜드로부터 유형의 수익을 얻기를 바란다. 약속은 믿을만한 차원을 넘어 명백한 것이어야 한다. "배달을 약속합니다"라는 문구가 비록 믿을만한 문구라고 할지라도, "밤을 세우더라도 반드시 그 곳에 배달해 드립니다"라는 문구보다는 영향력이 낮다. "배달을 위해 노력한다"와 "배달한다"의 문구차이도 같은 맥락으로 이해할 수 있다.

브랜드 잠재고객에 대한 갤럽조사에서 브랜드 약속이 얼마나 설득력이 있는지 – 얼마나 강력하고 설득적인지 – 에 대해 알려주는 네 가지 서로 관련된 항목은 아래와 같다.

- ✓ [○○브랜드]는 다른 모든 브랜드들이 따르는 기준을 가지고 있다.
  ([○○Brand] sets the standard for all other brands to follow.)
- ✓ [제품이나 서비스 범주]에 [○○브랜드]만한 것은 존재하지 않는다.
  (There is no other [Product/Service category] quite like [○○Brand].)
- ✓ 나는 [○○브랜드]가 없는 세상을 상상할 수 없다.
  (I can't imagine a world without [○○Brand].)

✓ [소유주/구매자/물건을 사는 사람/고객]들은 [○○브랜드]가 얼마나 대단한지를 격찬한다.
([Owners/Buyers/Shoppers/Customers] rave about how great [○○Brand] is).

이와 더불어, 네 가지 항목들은 잠재적인 구매자나 사용자들이 단순한 브랜드 약속이 아니라 지속적인 브랜드관계를 위해 어떤 브랜드가 우수한 성과를 가져다 주는 지에 대해 느끼는 정도를 나타내 주고 있다.

브랜드 약속에 대한 신뢰성을 확보하는 것은 어려운 일이지만 그 약속이 설득력이 있다는 것을 입증하는 것은 더 어려운 일이다. 예를 들어, 자동차업계에 있어 잠재고객의 3분의 1만이 자동차업체의 약속이 믿을만하다고 생각한다. 50% 이하의 잠재고객이 그러한 약속들이 설득적이고 중요한 어떤 것을 나타낸다고 믿는다. 이것은 6명중 한 명도 안되는 잠재고객들이 메이저 자동차 브랜드와 경쟁 브랜드가 어떠한 면에서든 분명히 구분된다고 느끼고 있다는 것을 말한다. 즉, 80%가 넘는 대부분의 잠재고객들이 메이저 자동차 브랜드라고 할지라도 다른 브랜드와 큰 차이가 없다고 생각하고 있다는 것이다. 어떤 자동차회사가 자신들이 판매하는 자동차가 독특하다고 잠재고객을 확신시킨 적이 있는가? 단지 14%에서 19%만이 그렇게 느낄 뿐이다.

이러한 문제는 단순히 한 자동차 브랜드만이 겪는 문제가 아니라 전염병과 같이 퍼져서 여러 자동차 브랜드에서도 같은 문제로 고민을 하고 있다. 각 메이저 자동차회사들은 기업들이 아무리 메시지를 보내도 대부분 꼼짝도 하지 않는 의심많은 소비자층과 맞닥뜨리게 된다. 기업들이 브랜드를 지각에 의해 차별화시키는 것이 중요한 과제라고 생각한다면, 결국 이 과제는 해결되지 않은 채로 남게 될 것이다.

또한, 자동차구매자들이 보인 태도는 다른 제품과 서비스 카테고리의 소비자에게서 나타났던 것들과도 일치한다. 마케터들은 소비자들이 회의적이라는 문제뿐만 아니라, 그 브랜드가 의도했던 차별화 메시지도 제대로 전달되지 않았다는 문제에 봉착하게 된다는 것이다. 마케터들이 브랜드와의 소통을 디자인하고 설계하기 위해 얼마를 투자했든지, 어떤 마케팅믹스를 사용하였던지 간에 잠재구매자의 대부분은 기업의 브랜드 메시지를 무시하거나 혹은 받아들이지 않는다는 것이다.

개인적 연계

강력한 브랜드 약속을 만들기 위한 마지막 테스트는 정말 어렵다. 초기에 의미있는 관계를 형성하기 위해 브랜드 약속은 신뢰성을 갖는 것과 설득력을 가지는 것 외에도 소비자들과 소통해야만 한다.

개인적인 소통을 통해 잠재소비자들은 자기 스스로를 일회성 구매자가 아니라 정기적인 사용자인 브랜드 소비자로 생각하게끔 한다. 이러한 종류의 소통을 성립시키기 위해서는 바쁜 소비자들을 위해 발 빠른 서비스를 약속한다든지, 콜레스테롤 양에 민감한 소비자들에게 저지방식품을 제공한다든지 하는 등 소비자의 이성적 욕구를 만족시켜야 한다. 소비자들은 감성적인 욕구도 지니고 있는데, 감성적 욕구충족은 이성적인 욕구충족만큼 중요하다.

우리 연구에 따르면, 브랜드와 개인적인 소통을 성립하기 위해서는 브랜드 약속이 소비자와 충분히 관련이 있다는 것을 잠재 소비자들에게 인식시켜야 한다. 이와 관련된 두 가지의 항목은 아래와 같다.

- ✓ [○○브랜드]는 나와 같은 사람들에게 있어서는 완벽한 [제품/서비스 범주]다.
  ([○○Brand] is the perfect [product/service category] for people like me.)
- ✓ 나는 스스로를 [○○브랜드]의 [소유자/물건을 사는 사람/구매자/고객] 이라 쉽게 상상할 수 있다.
  (I can easily imagine myself as a [○○Brand] [owner/shopper/buyer/customer].)

많은 브랜드 약속들은 보통 신뢰성이 부족하기 때문에 간과되거나 무시된다. 일반적인 것과 다르게 소비자들에게 브랜드를 생각하도록 동기를 부여하는 변화 자체에 설득력있는 논거가 부족하게 되면 브랜드 약속은 실패하게 된다.

우리는 대부분의 브랜드가 고객들에게 그 브랜드가 정확하게 무엇인지 인지를 할 수 있도록 특정 소비자에게 적합한 개인적인 메시지를 전달하지 못하고 있다는 사실을 알아냈다. 그리고 만약 고객들이 스스로를 자신있고, 기쁨에 넘치는 고객으로 보지 않는다면, 미래에 브랜드관계를 구축할 수 있는 가능성은 희박할 것이다.

신뢰성이 있고, 설득력있는 제안을 하며, 개인적으로 소통할 수 있도록 하는 브랜드 약속들은 고객 및 브랜드의 첫 데이트를 유도하게 될 것이다. 나아가, 그러한 약속들은 지속적인 브랜드 관계를 위한 단계를 확립하는 특별한 첫 데이트를 만들어낼 것이다.

그러나 이러한 "열정을 위한 잠재력을 갖고 있는 약속들"이 그 이후에 일어나는 만남의 단계에서 실제로 지켜질 때만이 이러한 첫 데이트가 충성도 높은 브랜드 결혼으로 이어질 수 있다는 것이다.

마케터들은 그것이 그렇게 어렵다면 무엇을 걱정하겠느냐는 질문을 쉽게 할 수 있을 것이다. 많은 기업들이 결국에는 같은 결론에 이르게 될텐데 말이다. 기업 자신들의 브랜드가 의미있고 차별적인 내용을 전달하고 있다는 사실에 회의적인 생각을 품고 있는 소비자층을 설득하는 것 보다 일부 기업들은 차라리 잠재고객들을 뇌물로 유혹하는 게 훨씬 수월하다는 사실을 알았다. 결국, 제품을 무료로 제공하는 것으로도 첫 데이트를 만들어낼 수 있는 것이다. 이 모든 것은 요즈음 일반적으로 활용되는 것들이지만 가격할인, 쿠폰, 무료 시식권, 환불 그리고 0% 마진제품 등과 같은 것들이 모두 시도되었고 결국 기업은 단기간에 매출액을 늘릴 수 있기 때문에 이러한 시도를 하게 되는 것이다. 그러나 오로지 브랜드 뇌물에 의해 만들어진 반복구매는 브랜드관계와는 동떨어지게 된다.

Married to the Brand

Chapter 06 브랜드 구축의 수단 : 5 P

델 컴퓨터는 중간 유통업자나 소매상을 거치지 않고 소비자들에게 직접 컴퓨터를 판매한다. 델의 연간 매출액은 400억 달러, 컴퓨터시장의 총 17%의 점유율을 차지하며 성공적인 비즈니스를 해오고 있다.

그렇다면 델의 고객들은 무엇 때문에 다시 돌아온 것일까? 그것은 고객맞춤형시스템도 인터넷을 통한 주문속도도 아니다. 중간 유통채널의 가격이윤 폭을 없앤 것에서 비롯된 가격절감 때문도 아니다. 고객으로 하여금 델의 컴퓨터를 다시 찾게 한 것은 하드웨어나 소프트웨어, 시스템 혹은 가격이 아닌 바로 델의 사람(people)이다.

다음은 델과의 관계에 대한 메간(Megan)의 의견이다.

“제 남편은 컴퓨터 매니아이며, 컴퓨터와 관련된 것들을 지속적으로 바꾸곤 한답니다. 언제나 저는 말하죠. 그가 또 컴퓨터에 무슨 짓을 해놓은 거지?” 그럴 때 저는 델에 전화를 해서 “제 남편이 여행중이라 내 컴퓨터를 사용할 수가 없어요. 어떻게 해야 하죠?”라고 말합니다. 그들은 전화할 때마다 정말 큰 도움이 되요. 사실, 제가 전화통화를 하는 어떤 남자직원이 있는데, 그는 이미 제 이름까지 알아버려 전화할 때마다 종종 놀라곤 한답니다. “메간 고객님이시죠? 어떻게 지내시는지요? 뭘 도와드릴까요? 남편분도 안녕하시고요?” 그는 제 남편의 이름까지 알아요. 그들없이 지내는 것은 상상도 할 수 없습니다.

메간에게 델의 직원들은 그녀의 삶에 있어 대체할 수 없는 얼굴없는 소매상과도 같은 존재가 되어버린 것이다.

다음은 짐이라는 다른 감성을 가지고 있는 델 컴퓨터 고객의 이야기이다.

“정말 화가 났었죠. 불공정하다고 생각되는 카드결제 문제가 있었는데, 어느 누구도 대답해 주지 않았으니까요. 저는 델 컴퓨터를 3대나 구입할 만큼 델의 고객이었답니다. 정말 화가 났는데, 게다가 직원들은 저에게 전화로는 환불을 할 수가 없다고 했죠. 어떤 여직원이었는데 신용이 없어서 환불도 불가능하다고 말하더라고요. 다시 전화해서 매니저를 바꾸어 달라고도 해봤습니다. 그게 제가 구입한 델의 마지막 제품이었어요.”

델은 제공한 제품, 가격, 배달 시스템은 메간이나 짐에게는 동일한 것이었지만, 사람(people)이라는 요소는 분명히 달랐다. 결과적으로 보면 델은 전혀 다른 두개의 브랜드관계를 가져온 것이다. 하나는 결혼이고 다른 것은 이혼 관계이다.

4P에서 5P로

일류 브랜드를 키우기 위해 기업들은 전통적으로 신뢰할 수 있는 일련의 마케팅도구에 의존해 왔다. 그러나 이러한 기업들 중 다수는 마케팅도구 중 무엇이 중요한 것인지 관심이 없었다.

브랜드마케팅 도구에 포함된 전통적인 구성요소들은 잘 알려져 있기도 하며, 오랜 기간 동안 연구되어 왔다. 반세기가 넘는 MBA 과정에서는 제품(Product), 유통(Place), 촉진(Promotion) 그리고 가격(Price)의 네 가지, 즉 "4P"를 다루어 왔다.

- 제품은 호텔숙박, 모기지, 마이크로프로세서에서부터 세탁세제에 이르기까지 기업이 소비자들에게 판매하려고 시도하는 것들을 포함한다. 제품은 제품특성, 포장과 보증수단뿐만 아니라 브랜드 네임과 제품 디자인 역시 포함한다.

- 유통은 소비자들에게 이러한 제품들을 전달하는데 사용되는 방법, 체계, 그리고 채널에 관련된 것이다. 유통은 제품을 진열하는 상점의 선반뿐만 아니라, 배달차량의 차대(fleet), 패스트푸드 판매점 위치, 은행지점의 내부 및 외부 디자인, 최근에는 마케터의 웹사이트까지도 포함한다.

- 촉진은 기업의 제품제공에 호기심을 불러일으키고 메시지를 전달하기 위해 고안된 일련의 커뮤니케이션 활동을 포함한다. 촉진은 브랜드를 이해시키기 위한 매스미디어 광고, 홍보메일, 스폰서쉽, PR활동, 텔레마케팅, 인터넷 팝업광고, 다양한 홍보성 이벤트 등을 포함한다.

◉ 가격은 소비자들이 제공된 제품이나 서비스를 얻기 위해 지불하도록 요구되는 것과 지불 수단에 대한 것을 나타낸다.

이러한 4P는 아이보리, 코닥, 코카콜라 등의 일류 브랜드를 만드는데 사용되어온 마케팅도구들이다. 수십년 동안 논의되어 온 4P는 과거에도 영향력을 발휘해 왔고, 세상이 변하고 있다는 사실만 제외하면, 앞으로도 계속 그 영향력을 발휘할 것이 분명하다. 이러한 변화는 엄청난 속도로 메시지를 검색할 수 있도록 해준 인터넷의 영향만은 아니다. 오늘날 마케팅분야에 있어 서비스 산업의 중요성이 증가되고 있기 때문이기도 하다. 기업들은 단지 제품만을 만드는 것은 아니며, 점차적으로 서비스를 제공해 나가고 있다.

서비스는 필수적인 "다섯번째 P"를 나타내며 종종 다른 4P보다 더욱 강력한 힘을 가진다. 다섯번째 P가 바로 사람(People)이다. 사람은 브랜드가 소비자들과 직접 상호작용하는 것을 의미한다 : 전화로 들려오는 목소리일수도 있고, 소비자들의 요청에 회신하는 이메일의 하단에 있는 서명일 수도 있다. 사람은 소비자들로부터 주문을 받고, 문제를 해결하며, 소비자들의 요구를 만족시키고, 계산을 해주며, 단순하게는 소비자들의 방문을 환영하는 사람들이다. 사람은 브랜드와 함께 삶을 살아가고 있으며, 소비자들의 눈으로 보면 브랜드 자체라 할 수 있다.

브랜드 구축과 다섯번째 P

일단 소비자와 브랜드의 첫 데이트가 이루어진 후에, 고객들은 개인적으로 중요한 결정을 해야 한다. 이 브랜드에 계속 머무를 것인가, 머무르지 않을 것인가? (다른 브랜드로 옮겨갈 것인가?) 고객들은 다시 생각해야 하고 관계를 새롭게 하도록 요청을 받는다. 또한 고객들은 현재의 관계를 끝내고 새로운 관계를 시작하려는 경쟁 브랜드의 지속적인 유혹을 받는다.

이러한 측면에서 기업들은 영속적인 브랜드 결혼을 이루어내기 위해 무엇을 할 수 있을까?

우리는 지방의 가구소매상에게 불만을 토로하는 수(Sue : 여자 이름)로부터 한가지를 배울 수 있다. 수는 가구의 칼라, 옷감의 품질, 혹은 쿠션의 푹신함 같은 것을 불만스러워하지는 않았다. 그녀는 매장에서 브랜드 약속을 했지만 지키지 않았던 사람들에 대한 이야기를 하고 있는 것이다.

"우리는 가구를 샀어요. 현금으로 계산했으니 나쁘지 않았겠죠. 그리고 가구를 배달 받았는데 가구에 상처가 나 있는 거에요. 가구점에서 말하기를 배달하는 사람들은 자신들과 직접 일하는 사람이 아니라고 했어요. 결국 가구점과 몇 번의 통화를 통해 겨우 그 문제를 해결할 수 있었죠. 짜증스러워서 가구를 다시 가지고 가라고 말했어요. 그들은 환불받기까지 몇 주를 기다려야 한다고 했죠. 다시 찾고 싶지 않은 곳이에요."

브랜드와 직접적으로 관계가 있든 없든 간에 기업과 그 기업 고객을 위한 브랜드 홍보대사로서 그리고 약속 지킴이로서 활동하는 종업원들의 일상적인 활동과 반응들로부터 이러한 것들이 나온다는 것이다.

사람의 힘

우리는 고객연구조사에서 우리는 패스트푸드, 항공사에서부터 장거리전화서비스, 자동차 등 브랜드화된 제품과 서비스의 구매자 및 사용자들과 대화를 나누었다. 일반적으로 고객들은 이러한 산업범주에 해당되는 각 서비스별로 그 브랜드를 주로 사용하는 핵심 소비자들과 종종 접촉하게 된다. 각 산업의 범주에서는 기업들이 광범위한 고객층에게 공격적 마케팅을 하는 잘 알려진 브랜드들간의 경쟁이 치열하다는 특징을 갖고 있다. 그래서 기업들은 복잡한 마케팅믹스를 실행함에 있어 필요한 모든 구성요소를 우리가 자세하게 살펴볼 수 있도록 기회를 제공해 주었다.

이렇듯 다양한 범주들을 조사하면서, 우리는 고객들이 어떠한 브랜드를 소유하고 있고, 어떤 브랜드와 거래를 하고 있으며, 어떤 브랜드를 가장 자주 사용하는 지에 대해 질문을 했다. 또한 구매의사와 계획, 브랜드 광고, 제품 품질, 금전적 가치, 지역적 편리성과 접근성에 대해서도 질문하였다. 전통적인 4P 마케팅믹스 요소를 넘어 브랜드의 제품이나 서비스를 구입할 때 고객을 도와주는 다섯번째 P인 people에 대해서도 물어보았다.

성공의 비밀 : 테이블 스테이크를 넘어서

어떠한 브랜드도 성공을 보장할 수 있는 유일한 길이나 방법을 갖고 있지 않다. 제품, 유통, 촉진, 가격 혹은 사람 중 단 하나의 마케팅도구에 의존한 브랜드 결혼은 다리가 하나있는 의자처럼 불안정할 것이다.

이것은 경쟁사들이 쉽게 브랜드 제품특성이나 촉진방법 혹은 유통방법의 대부분을 모방할 수 있기 때문이다. 경쟁사들은 가격을 맞출 수 있고, 제품디자인을 모방할 수 있으며, 제품의 특징을 복제할 수 있다. 전통적인 4P 브랜드 특징들은 빠르게 테이블 스테이크가 될 수 있다.

그러나 소비자들이 한번에 한가지 "P"만을 접하는 것은 아니라는 점도 기억해야 한다. 어떤 브랜드는 5가지 요소를 모두 포함하고 있다. 뉴저지 출신의 올드네이비(Old Navy) 매니아의 말이다.

"올드네이비는 제게 완벽한 브랜드예요. 거기에 갈 때마다 좋은 시간을 갖게 되죠. 잔잔한 음악도 좋고, 직원들도 친절하니깐요. 옷을 입어볼 때나 옷을 가져다 줄 때 모두 매우 친절하고, 의류도 마음에 들어요. 실용적이고, 저렴할뿐만 아니라 최근에는 좀 더 세련되고 정장스타일의 의류 섹션을 늘리기도 했죠."

많은 다른 고객과 올드네이비와의 관계는 이렇게 한 가지가 아닌 5P에서 기인되었다. 그리고 갤럽연구원들은 다섯번째 P에 대해 아래와 같이 요약하였다.

1. 탁월한 유통은 혼자 힘으로는 기업과 고객관계의 연속성을 보장할 수는 없다. 편리한 위치, 깨끗하고 밝은 매력적인 상점은 훌륭한 마케팅 자산이다. 그러나 그것만으로는 충분치 않다.

2. 탁월한 가격은 많은 카테고리에서 다양한 가격 프로모션이 진행됨에도 불구하고 지속적인 고객관계를 굳건히 해 주는 데 있어서 가격만으로는 충분하지 않다. 매력적인 가격은 대단한 이점이지만, 품질이 떨어지는 제품이나 형편없는 서비스와 결합되면 고객과의 관계를 맺을 수 없는 것이다.

3. 탁월한 제품은 압도적인 파워를 가지고 있다는 일부 마케터들의 믿음에도 불구하고, 그것만으로는 역시 충분하지 않다. 탁월한 제품은 그 자체로 가치가 있지만, 탁월한 제품만으로는 시장에서 성공할 수 없다.

4. 탁월한 촉진은 얼마나 많은 비용이 스폰서쉽과 홍보성 이벤트에 투자되었는지 와는 상관없이 명백하고 명확한 입장을 가졌다 할지라도, 고객관계를 보증하고 지속시키는데 충분하지는 않다.

5. 아무리 탁월한 인적 자원을 가지고 있다 할지라도 기업들이 낮은 품질의 제품 혹은 가격이 과다 책정된 제품을 제공한다면 지속적인 고객관계를 창출하지 못할 것이다.

누가 데니스 좀 도와줘요!

데니스(Dennis)는 토요일 아침 광고에서 본 탁구대를 구입하려고 스포츠매장을 방문했다. 그 탁구대는 그가 원하던 것이었고, 가격도 매우 저렴했다. 저녁에 있을 바비큐파티를 준비해야 했기 때문에 빨리 원하던 제품을 가지고 돌아가야 했다. 그러나 불행하게도, 모든 직원들이 매니저의 주변에 모여 고객중심 서비스에 관한 교육을 받고 있었다. 그래서 상점안에는 그를 도와줄 직원이 없었다.

데니스는 자신을 알아봐 줄 직원을 기다렸다. 상점을 둘러보면서 매장직원의 도움을 기다린 것이다. 데니스처럼 도움을 기다리는 다른 손님들도 있었으므로 혼자있었던 것도 아니었다. 데니스는 테니스 라켓의 줄을 펴고 있는 직원 한명을 발견했다. 데니스는 그 직원에게 도움을 요청했으나, 그 직원은 판매직원에게 문의해야 한다는 대답만을 할 뿐이었다. 데니스는 모여있는 직원들에게로 다가가 말했다.

"방해해서 미안합니다만."이라고 그가 말했다.

매장 매니저는 "조금 기다려야 합니다. 지금 회의중이예요. 잠깐 기다리면 안내해 드릴께요."라고 이야기 하였다. 그러나 십 분을 기다려도 아무도 나타나지 않았다. 매니저가 직원을 교육시킨다는 이유로 고객은 무시당하고 있었던 것이다.

그래서 데니스는 상점을 나왔으며, 물론 탁구대를 구입하지도 않았다. 데니스는 다시는 그 매장에 가지 않을 것이다. 게다가 그는 경이로운 백핸드기술을 보여주기 위해 구입하고 싶어했던 탁구대를 구입하지 못하게 된 이야기를 바비큐 파티때 이웃들에게 들려주었다.

이 상점과 매니저는 데니스와 특별하고도 개인적인 관계를 만들 수 있는 절호의 기회를 놓친 셈이다. 그들은 데니스와 같은 고객과의 비즈니스를 성사시키기 위해서 회의실에서 혹은 전략회의시간을 통해 할 수 있는 모든 것을 해 왔다는 사실을 알아야 할 것이다. 데니스의 집에서 불과 몇분 거리인 편리한 장소에, 그가 원하는 제품을 저렴한 가격으로 판매하고 있었고, 눈에 띄는 광고도 해왔다. 하지만, 다섯번째 P인 사람(People)에 의한 매장에서의 대응이 형편 없었기 때문에 4가지 P들이 아무리 훌륭했다고 하더라도 고객관계를 창출하지는 못했던 것이다.

중요한 것은 단순히 차 자체가 아니라, 딜러이다.

최근 자동차 구매자에 대한 연구를 통해 재구매에 영향을 미치고 지속적인 브랜드 결혼을 지원하는 몇가지 중요한 사실을 발견했다. 예를 들면, 포드 소유자들을 대상으로 한 조사에서, 포드 자동차를 매우 믿을만한 자동차라고 생각하는 사람들은 다른 일반사람들에 비해 다음에 포드 자동차를 재구매할 의사가 거의 3(2.8)배 더 높은 것으로 나타났다. 자신들의 자동차 브랜드가 가격대비 "매우 만족스러운" 것으로 생각하는 셰비(Chevy)나 닷찌(Dodge)소유주들은 같은 브랜드의 다른 모델을 재구매할 의사가 각각 2(1.8)배, 3(3.1)배 더 높은 것으로 나타났다.

다른 많은 브랜드 자동차 소유주들을 포함한 포드, 셰비, 닷찌 소유주에게 있어 자동차 브랜드와 지속적인 관계를 맺는데 가장 필요한 것은 바로 제품과 가격이었다. 이것은 사실 별로 놀랄만한 일도 아니다.

제품의 가격이 훨씬 비싸고, 제품의 품질과 성능이 중요한 것처럼 보이는 경우라 할지라도 가격과 제품이라는 요소가 고객이 그 제품을 재구매를 결정하는데 큰 영향은 미치지 않는다는 사실을 밝혀냈다. 포드, 셰비, 닷찌 소유주들은 해당 자동차회사를 대신하여 고객과 접촉하는 영업사원과 서비스직원들이 다른 자동차회사보다 월등하다고 느꼈기 때문에 재구매에 대한 욕구가 높은 것이다. 포드 자동차의 영업사원이나 서비스직원들이 확실히 다르다고 믿는 포드 소유주들은 재구매 의사가 13(13.3)배 더 높았고, 셰비의 경우는 12(12.3)배, 닷찌의 경우는 15(14.6)배 높은 것으로 나타났다.

비록 사람이 이러한 브랜드 구매자들에게 강력하게 영향을 미친다고 할지라도, 여전히 제품자체가 자동차 고객들에게는 중요한 요소이다. 예를 들어, 자신들의 자동차 안정성이 "매우 낮은 수준"이라고 생각하는 포드고객은 다음 구매시 포드모델을 구입하지 않을 가능성이 20배나 높은 것으로 나타났다.

형편없는 제품의 질은 때때로 현재 고객들을 떠나게 하는 가장 큰 요인이 된다. 결국 미국산 자동차고객에게는 신뢰성에 대한 회복이 필요한 것이다. 신뢰성이라는 것은 포커판의 판돈(table stakes)처럼 가장 기본적으로 요구되는 사항인 것이다. 결국 결혼을 위해서는 좀 더 색다른 무엇인가가 더 필요한 것이다.

Automotive News 편집장인 케이스 크레인은 "신뢰성이라는 것은 제품가격에 대한 실질적 가치인 동시에 실질적인 제품의 품질을 의미하지만, 이것은 입장료 수준의 아주 기본적인 것 밖에는 되지 않는다. 결국 구매자의 마음속에 살아 숨 쉬는 열정을 일깨워줄 무언가가 있어야 한다"고 강조했다.

사람과 햄버거

무엇이 고객들에게 중요한가 하는 것은 - 그리고 무엇이 고객들의 시간을 되돌리게 하는 가는 - 반드시 브랜드 마케터들이 광고를 잘하고 있느냐 못하고 있느냐의 문제와는 다른 것이다. 중요한 것은 바로 고객들이 중요하게 생각하고 있는 것에 대해서 효과적으로 대응하고 있는가 하는 문제이다.

패스트푸드 브랜드에 대한 고객선호도조사에서 제품이 제공하는 가치, 그리고 접근용이성이 명백하게 중요한 역할을 한다는 것을 알아냈다. 예를 들어, 맥도날드의 맛과 품질을 높이 평가하는 고객들의 경우 다음번에 같은 브랜드를 2배 더 이용할 수 있다는 조사결과를 얻었다. 그리고, 접근성이 매우 용이하다고 느끼는 맥도날드 지점의 고객들은 다음에도 그 지점들을 더 방문할 것으로 밝혀졌다.

음식의 질이라든지 위치라는 것이 맥도날드 고객에게는 분명히 중요한 요소이기는 하지만, 고객에게 미소를 통해서 새로운 브랜드 경험을 할 수 있도록 도와주는 '맥도날드 피플(Mc Donald's People)'이 다른 무엇보다도 훨씬 중요한 요소이다. 주문을 받고 서빙을 하는 맥도날드 직원들이 뛰어나다고 생각하는 고객들은 5.1배, 버거킹의 경우는 5.8배, 웬디스의 경우는 5.5배 더 해당 브랜드매장을 재방문할 것이라고 답변한 것으로 조사되었다.

주요 패스트푸드 브랜드들에게 재구매시에도 같은 브랜드를 이용하게 하는 중요한 요인은 음식, 가격, 위치 혹은 광고가 아닌 바로 사람이었다. 그렇다고 해서 음식의 맛에 대한 매력도와 무관하다는 것은 아니다. 적어도 대형 햄버거 체인점들을 비교해볼 때, 많은 소비자들이 햄버거의 맛이 거의 비슷하다고 느꼈다.

고객들은 단순히 가격에 따라 제품을 구입하는 것은 아니라 전체적인 브랜드 경험을 구입하는 것이다. 그 경험이 첫 데이트를 두번째로 이끌어 나가는지 혹은 그렇지 않은지를 결정한다. 그리고 첫 경험이 데이트를 계속해서 결혼으로 이끌지 여부를 역시 결정하는 것이다.

관계를 만드는 접촉

우리는 고객들과 직접 접촉하는 직원들이 건전한 결혼을 이끄는데 중요한 역할을 한다는 사실을 알아냈다. 이것은 B2B 혹은 B2C의 금융상품 마케팅에 있어서도 마찬가지이다.

은행고객들을 대상으로 한 조사결과를 보면, 은행에 지속적인 충성을 보일 수 있도록 하는 주요 요소는 지점의 위치나 접근성의 편리함도 아니고 당좌예금 수수료에 관한 것도 아니었다. 이러한 두가지 요소들은 종종 은행의 광고에서 중요하게 등장하고 있다고 할지라도 고객들은 이러한 것들을 특별하게 느끼지 않는다는 것이다. 이러한 것들이 바로 포커판의 판돈(table stakes)과 같이 아주 기본적인 요소라는 것이다. 결국 중요해 보이기는 하지만 고객들은 이 요인을 가지고 은행을 서로 비교하지 않는다는 것이다.

은행들은 결국 이러한 행동을 하는 사람의 범주가 어디냐에 따라서 차별화될 수 있다. 전통적으로 직원들과 고객서비스 상담원들은 은행의 당좌예금 관계의 건전도를 결정짓는 중요한 요소이다. 특히 많은 은행들이 고객들에게 ATM, 온라인뱅킹, 자동전화서비스 등을 더 많이 사용하게 함으로써 고객들을 은행직원이 접촉하지 못하게 하고 있다는 사실은 매우 의미심장한 것이다. 은행들은 실제로 브랜드 차별화를 위한 가장 강력한 수단인 은행직원을 통한 효과를 많이 보고 있지 못하다고 볼 수 있다.

도어맨이 가장 선호하는 이탈리안 음식점

기업이 경쟁력있는 제품을 제공한다 할지라도 사람이 형편 없으면 그 성과자체가 미약할 것이고 결국에는 브랜드와 약점투성이의 결혼생활을 할 수 밖에 없을 것이다. 그러나 훌륭한 사람은 특별한 브랜드관계를 만들 수 있다.

젠과 펫은 소매점 체인의 지역매니저들이다. 시카고로 출장을 떠난 그들은 세미나 장소와 가까운 곳에 위치한 호텔에 숙박하기로 하였다. 숙박비 역시 출장예산에 맞게 저렴한 수준이었다.

시카고의 이 호텔이 젠과 펫을 매료시킨 것은 바로 가까운 거리와 저렴한 가격이었다. 그들이 경험한 가까운 거리와 저렴한 가격은 유사한 다른 호텔과 이 호텔을 차별화시켜 주는 요인이었다.

호텔 주변의 지리에는 익숙하지 않았으므로, 그들은 호텔 도어맨에게 외식을 할 만한 적당한 장소를 물어 보았다. 도어맨은 자신이 선호하는 이탈리안 음식점을 소개했다. 걸어서 갈만한 거리에 위치하였으며, 음식의 맛도 좋다고 했다. “정말 좋은 곳이기도 하고 아주 유명한 곳이기도 하니, 제 소개로 왔다고 꼭 말씀하셔야 되요.”

그 음식점은 정신없이 바쁘긴 했지만 매우 유명한 곳이었다. 수요일이었는데 젠과 펫은 예약을 하지 못한 상태였다. 45분 정도를 기다려야 한다는 말을 듣고는 젠과 펫은 아쉬워할 수 밖에 없었다. 특히나 호텔 도어맨이 그 음식점의 특별메뉴 중 일부에 대해서 광적으로 좋아했었다는 사실을 알았기 때문이다.

매니저는 그들에게 “잠깐만요, 제가 도와줄 수 있을 것 같아요. 멀지 않은 곳에 다른 이탈리안 음식점이 있어요. 물론 저희 음식만큼은 아니지만, 아주 괜찮아요. 만약 원하시면, 전화해 드리죠”라고 웃으며 말했다.

“좋아요”하고 펫이 말했다. “거기가 어디죠?”

매니저는 “우리에게 차가 있으니, 거기까지 모셔다 드리겠습니다.” 매니저의 차를 타고 도착한 젠과 펫은 멋진 음식을 먹었고, 거기에 무료음료 서비스까지 받았다. “오늘 일어난 일은 정말이지 믿을 수가 없었죠.” 펫이 말했다.

“호텔은 어땠어요?” 젠은 “괜찮은 호텔이었어요. 사실, 뭐 그리 특출난 점은 없지만, 나름대로 괜찮은 호텔이었죠.”

“그들이 다시 시카고를 방문할 일이 있으면 다시 그 호텔을 이용할까?” “물론이죠. 도어맨 때문에 다시 가야죠. 그는 산책길을 지도로 그려주고, 쇼핑할 멋진 장소를 알려주었으며, 음식점에서 좋은 서비스를 받으라며 자신의 이름까지 빌려주었지요. 우리가 만약 그를 고용한다면 장차 최고의 지점장이 될게 분명하거든요” 라고 펫이 말했다.

대부분의 도시에는 적당히 만족스러운 호텔이 여러군데 있다. 또한 훌륭하고 괜찮은 음식점들도 물론 있다. 스스로를 차별화된 것으로 만드는 것은 직원이고 매니저들이다. 훌륭한 직원들은 때때로 하룻밤 사이에도 훌륭한 관계를 만들어 낸다.

사람의 힘을 이용하는 것

사람은 성공적인 브랜드 결혼의 중요한 요소인 브랜드 경험을 만들어 내는데 실질적이고도 강력한 역할을 한다. 반면, 사람은 기업들이 관리하기에 가장 어려운 자산이기도 하다. 다섯번째 P는 고객들에게 지속적으로 브랜드 이미지를 보여 주어야 하는 마케팅 매니저들을 가장 어려운 문제에 직면하게 한다. 기업은 자신들의 호텔을 비슷하게 꾸미고 어디서든 돋보일 수 있도록 광고 문구를 만들 수는 있다. 그러나 사람은 브랜드 성과를 창출하는 브랜드 “홍보대사”로서 매우 중요한 역할을 한다.

그러나 당신의 기업은 경쟁사들이 따라 할 수 없는 특별한 것을 제공함으로써 브랜드 구축의 성과를 얻을 수 있다 : 지속적인 경쟁우위가 바로 그것이다.

분명하게도 모든 사람들이 고객과 교류함에 있어서 월등한 능력을 보이지는 못한다. 일부는 훌륭하지만, 대부분은 그렇지 않을 수도 있다. 아주 소수의 사람들만이 고객들과 관계를 지속할 수 있는 능력을 가지고 있다. 이러한 사람들은 안내원, 계산원, 은행창구직원, 콜센터 요원, 비행기 승무원, 판매사원들과 같이 고객과의 대면에 있어 매우 중요한 역할을 하도록 임무를 부여받은 사람들이다. 이러한 기업의 종업원들이 바로 브랜드를 만드는 사람들인 것이다. 어쨌든 계산원, 은행창구직원, 도어맨 등과 같은 직업들은 종종 단순 노동자처럼 보이기도 한다. 하지만 이런 직업들에 속한 초기단계의 직원들로부터 가치있고 유능한 기업의 조력자들이 배출된다는 것이다.

그러나 소비자들은 이러한 사람들의 역할들이 대해 무의미하다고 생각하지 않는다. 많은 소비자들에게 초기단계의 직원들은 기업 그 자체를 대표한다고 해도 과언이 아니다. 고객들은 월마트에게서 환영을 받지는 못하지만 라몬(Ramon)이나 마지(Margie)에게는 환영을 받으며 충성도를 쌓아간다. 고객들은 스타벅스로부터 커피를 받아 마시는 것이 아니라 제이슨이나 쉴리로부터 커피를 서비스 받는 것이다.

리츠칼튼은 이러한 점을 다른 기업보다 더 잘 이해하고 있다. 이렇게 이해한 것들을 스스로에게 적용시킬뿐 아니라 이 호텔은 리더십센터를 통해 다른 직원들과도 정보를 공유한다. 중요한 세미나 주제 중 하나는 "직원들에게 권한을 부여하는 힘" 이다. 리츠칼튼에 대해 고객의 경험은 멋진 로비, 화려한 다운 베게, 헬스스파, 혹은 푹신한 덮개 이상의 의미를 가진다. 투숙객과 리츠칼튼간의 관계는 직원들에 의해 이어지기도 혹은 끊기기도 한다.

브랜드를 구축하는 사람들에게 권한을 주는 일은 그 자체로도 좋은 비즈니스인 것이다.

브랜드 매니저들이 알아야 할 또 다른 중요한 것은 고객과 관계를 형성함에 있어 직원들이 얼마나 잘 관리되었는가 하는 것이다. 갤럽은 자신들을 고용한 기업들과 감성적으로 얼마나 잘 연계되었는지의 정도를 나타내는 "직원 충성도(employee engagement)"라는 포괄적인 주제에 대해 연구했다.

충성도가 있는 직원들은 회사에 더 많이 기여를 하게 된다. 더 오래도록 충성도를 보이게 되면, 더 생산적이 되는 것이다. 그리고, 중요한 것은 더 강력하고 지속적인 고객관계를 촉진한다는 것이다. 단순히 보자면, "충성도가 높은 직원이 충성도 있는 고객을 창출한다는 것이다." 충성도가 있는 직원은 브랜드 결혼을 만들어낸다. 반대로 충성도가 없는 직원들은 충성도가 없는 고객을 만들어 이혼으로 이끌게 된다.

이러한 모든 사실을 살펴보면 기업이 어떻게 경영해야 하는가에 대한 명백한 교훈을 얻을 수 있다. 버진의 리차드 브랜슨이나 스타벅스의 하워드 슐츠와 같은 CEO들이 말했듯이, 만약 브랜드를 구축하는데 있어 사람이 중요한 요소라고 한다면, 경영진은 고객응대에 뛰어난 재능을 보이는 사람들을 투입해야만 한다. 그리고 경영진이 고객들의 충성도를 증진시키는 것이 중요한 요인이라고 판단한다면, 직원의 충성도를 높이기 위해 필요한 각종 조치를 강구해야만 한다. 기업은 서비스를 판매하지만, 브랜드 결혼으로 이끌어 내는 것은 바로 사람이기 때문인 것이다.

Chapter 07

브랜드 결혼 : 전폭적인 지지를 얻어내는 방법

행복한 브랜드 결혼은 이런 이야기를 한다.

"그들은 틀림없이 제시간에 배달을 해 줍니다."

"당신은 정말로 깍듯이 대접받는다는 것을 느낄 것입니다."

"그들이 내 삶을 바꿔 놓았죠."

"제 생각에는 그들에게 중독된 것 같습니다."

반면에 브랜드 이혼의 경우에는 이야기가 완전히 다르다.

"저는 그 브랜드를 사용하곤 했었죠. 그러나 다시는 그 브랜드를 사용할 일이 절대로 없을 겁니다."

탁월함은 비록 남들이 부러워할 만한 성과이기는 하지만, 반드시 지속될 수 있는 것은 아니다. 탁월한 브랜드마저도 과거의 모든 영광스러운 모습들을 잃어버릴 수도 있다. 40년전, 슐리츠 맥주는 버드와이저에 도전장을 내밀며 미국내 맥주시장의 주역으로 발돋움하기를 원했으며, 쉐퍼 맥주도 특정지역이기는 하지만 뉴욕시장을 장악하고 있었다. 오늘날 슐리츠와 쉐퍼는 과거의 명성을 되찾지 못하고 있다.

모든 브랜드는 소비자가 브랜드와 만날때 단 한번만 우수성을 입증하면 되는 것이 아니라 매번 그 우수성을 입증해야만 한다. 브랜드의 우수성이 떨어질 때 브랜드 관계에 치명적인 영향을 준다. 고객들은 자기들이 사랑하는 브랜드가 일시적으로 하락세를 보일 경우 관대할 수도 있다. 그러나 아무리 일류 브랜드라고 할지라도 계속적으로 쇠퇴할 경우에는 거래도 줄어들게 되어 브랜드 관계가 약화될 것이다.

일류 브랜드라는 것은 자신들의 약속을 지속적으로 이행하는 브랜드를 말한다. 이러한 브랜드들은 소비자들을 위해서 "가치 패키지(package of value)"라는 이름하에 이를 전달하고 지원하고 있다. 유용한 컨셉이기는 하지만, 중요한 것은 이 서술적 문구 안에는 "패키지(package)"와 "가치(value)"라는 두 단어가 포함되어 있다는 것이다.

브랜드가 하나의 특별한 특징을 갖고 있다고 할지라도 브랜드 결혼을 확신하고 영속시킬 수는 없기 때문에 기업들은 고객들에게 완벽한 형태의 패키지를 제공해야만 한다. 어쨌든 가치의 개념에 대해 추가적인 설명이 필요한데, 왜냐하면 기업들이 가치에 대해 말할 때 마치 경제학자라도 되는 양 말을 하기 때문이다. 기업들은 이 가치라는 것을 고객들이 원하는 제품가격 및 제품유형을 수학적으로 비교하는 일정의 함수관계로 보고 있다.

대부분의 기업들은 시장조사를 통해서 소비자들의 객관적인 특성과 눈에 보이는 요구사항을 찾아내려고 한다. 소비자들에게 어떠한 제품을 왜 구매했는지 혹은 왜 구매하지 않았는지 그 "이유"에 대해 질문한다. 소비자들은 그들이 받아들인 특성, 특색, 그리고 합리적인 혜택에 대해 설명하려고 한다. 소비자들과의 대화에서 수집된 반응들은 아래와 같다.

"만약 제품이 당신의 기대에 못 미칠 경우 소비자들은 그 제품을 다른 제품으로 바꿀 것입니다."

"이것은 충분히 신뢰할만 합니다."

"하얀 옷은 더 하얗게, 색깔 옷은 선명하게"

"그들은 훈련을 잘 받았기 때문에 품질에는 문제가 없을 거예요."

"세일품목들이 많이 있어 선택의 폭이 넓습니다."

"이 상점은 깨끗하고 또한 화장실도 깨끗합니다."

"당신이 만족할 것이라고 확신합니다. 손해볼 것이 하나도 없습니다."

그러나 소비자들은 컴퓨터가 아니라 그들의 결정을 모두 이성적으로 하지는 않는다. 소비자들이 컴퓨터처럼 매우 이성적이라면, 마케터들은 훨씬 쉽게 접근이 가능하며, 아마도 사업운영에 있어 비용을 절감할 수도 있을 것이다. 립스틱은 섹스어필하고 "키스해도 지워지지 않는" 품질의 제품이라고 광고하지 않아도 될 것이며, 나이키는 자사의 의류가 어떻게 보이고, 신발이 어떤 성능을 갖고 있는 지를 전달하기 위해 타이거 우즈나 마이클 조던을 광고에서 노출시키지 않아도 될 것이다. 또한 페라리는 최고 시속 200마일 이상으로 달리며, 혼다보다 다섯 배나 비싼 승용차를 팔려고 할 필요도 없을 것이다.

페라리는 로스앤젤레스에서 생활하는 출퇴근자들의 욕구를 반영하여 자동차를 디자인한 것은 아니다. 페라리는 그 사람들의 마음속에 존재하는 꿈을 반영하여 디자인한 것이다.

좌뇌와 우뇌, 그리고 전체 뇌

마케터들은 구매가 이루어질 때 소비자의 감성이 움직이기 시작한다는 사실을 오래 전부터 인지하고 있었고 적어도 짐작은 하고 있었다. 소비자 감성에 대한 중요성은 그 동안 많을 글들을 통해서 강조되어 왔다. 그러나 마케터들은 이러한 미묘한 감성들을 관리하고자 하는 노력들이 나름대로는 성공적이었다고 말했었다.

감성은 종종 당연한 일인 것처럼 생각되기도 한다. 감성은 신기하게도 제품속에서 보여질 수도 있고 그렇지 않을 수도 있다. 예를 들어, 향수는 감성적인 것이나, 정원을 청소하는데 사용하는 갈퀴는 감성적이지 않다. 휴가여행상품은 감성적인 것이나, 당좌예금은 그렇지 않다. 오토바이와 맥주는 감성적인 것이나, 마이크로프로세서나 노트북은 그렇지 않다.

이러한 이분법은 겉으로 보기에는 소비자들이 제품을 보는 방법과 일치한다. 어떤 마케팅 분석가들은 이분법적 분류 컨셉을 통해 소비자들을 접근하고 있다. 그들은 소비자들을 심리학적 범주에 따라 두 가지로 분류하고 있다. 일차원적이고 논리적이며 구체적인 사고를 하는 "좌뇌"형 소비자들과 종합적이고 직관적이며 상징주의적인 사고를 하는 "우뇌"형 소비자로 분류한다.

다시 말하자면, 이 소비자들은 엔지니어 아니면 예술가라는 것이다.

그러나 많은 분석가들이 자동차는 감성을 자극하는 제품이라고 주장해 왔음에도 불구하고, 자동차 브랜드에는 관심이 없는 톰과 같은 소비자들을 설명해 주지는 못한다. 톰은 모든 제품을 소비하는데 있어 단순히 좌뇌형 소비자는 아니다. 예를 들어 그는 매일 아침 마시는 차 브랜드를 선택할 때는 감성적이며, 가장 좋아하는 야구팀을 열정적으로 응원하며, 주말에 아내와 외식을 하는 음식점에 대해서도 강한 애착심을 가진다.

이러한 이분법 분류를 통해서는 역마차가 새겨진 수표를 제공하여 유명해진 웰스파고(Wells Fargo)의 고객들에 대해 설명하지 못하며, 또한 만달러가 넘는 휴대폰인 노키아 버투(Nokia Vertu)를 설명하지도 못한다.

감성은 단순히 제품차원의 기능이 아닐뿐더러, 소비자들의 대뇌 반구를 지배하는 기능도 아니다. 감성은 매우 중요한 것이다. 그렇지만 감성은 변화하지 않는 것이 아니라 변화하고 정의하기 어렵고 측정하거나 다루기도 쉽지 않다.

브랜드 데이트를 선택하거나 나아가 브랜드 결혼을 감행할 때, 소비자들은 좌뇌와 우뇌를 동시에 사용하는 정보처리과정을 활용할 수 있다. 비록 나이키와 델이, 디즈니랜드와 에이치앤알블록(H&R Block)이 명백히 다르다 할지라도, 모든 일류 브랜드들은 소비자들과 이성적이고도 감성적인 관계를 모두 갖는다.

그것은 브랜드가 이성적이고도 감성적이라는 것이 아니라 소비자들의 성향이 바로 이성적이며 감성적이기 때문이다.

감성은 중요하다

소비자와 고객들은 브랜드 경험이 자신들을 표현하는 제품의 이성적인 속성뿐만 아니라 그들이 사용하는 제품과 서비스에 대한 감성적인 반응이라고 말한다. 이러한 감성적인 연상은 브랜드 관계 발전과정을 이해하는데 아주 중요한 것들이다. 일부는 긍정적인 의견을 가지고 있다.

"그 상점에는 문화가 있습니다. 그 상점에서 느낄 수 있는 문화는 그 상점만이 가지고 있는 차별적 특성이지요."

"내가 생각하기에 그것은 나에 대한 이야기를 하고 있는 거 같아요."

"차별적 특성은 그저 내 마음을 좋게 만들어주죠."

"거기에 있으면 스트레스가 전부 해소되는 것처럼 느껴집니다. 아주 자연적이고 마음을 편안하게 해줍니다."

"모든 사람이 회원으로 가입할 수 없기 때문에 엘리트가 된 것 같은 느낌을 주지요."

브랜드 관계가 지속될 것인지 아닌지를 결정하는데 매우 중요한 부정적 감성을 드러내는 의견들도 있어요.

"나는 그 브랜드에 대해서 정말 기분나쁜 경험을 했습니다. 내게는 아주 불쾌한 일이었어요."

"나는 정말 화가 났어요."

"나는 그것을 개인적이고도 직접적인 모욕으로 받아들였어요. 화가 났고, 다른 사람들에게도 이 사실을 말했죠."

일생에 걸친 관계에 대한 탐구

이러한 의견들은 그동안 우리가 진행한 광범위한 소비자 조사를 통해서 얻어냈던 것들을 잘 나타내주고 있다고 볼 수 있다. 소비자들은 자신들이 사용하는 브랜드에 대해 말할 때 이성적이고도 감성적인 내용을 모두 포함하고 있으며, 이성적이고도 감성적인 욕구가 만족되기를 기대하고 있다.

다양한 비즈니스 저널을 통해서 알 수 있듯이, 지속적이고 충성도가 높은 평생고객들의 경우 기업에 상당한 재정적 수입을 제공해 주고 있다. 경영 컨설턴트들에 의하면, 고객과의 관계가 길어질수록 더 많은 이윤을 창출한다고 말하고 있다. 컨설팅 회사인 베인앤컴퍼니의 프레드릭 레이헬드(Fredrik Reichheld)는 그의 저서 '충성의 원칙 〈Royalty Rules〉' 에서 "고객보유율이 5% 증가하면 이윤은 25%에서 95%까지 상승한다."고 주장했다. 지속적으로 관계를 유지하는 고객들은 대체로 제품을 구입하기 위한 지출을 더 증가시킨 반면, 놀랍게도 기업에 요구하는 사항은 줄어든다는 것이다. 그리고 '고객을 대체하는데 소요되는 비용은 기존 고객을 유지하는데 소요되는 비용보다 더 많이 든다'는 점도 증명해 주었다.

그렇지만 많은 기업들은 평생을 함께해야 하는 고객과의 관계를 쉽게 정의내리지 못하고 있다. 고객들은 쉽사리 왔다가 탈퇴하기도 하는 등 우왕좌왕하게 된다. 비록 기업들은 고객들이 가지고 있는 감성적이고 이성적인 특성을 토대로 관계를 구축했다고 할지라도 결국 고객들을 이러한 것들로 인해 난처한 상황으로 내몰리고 있는 것이다. 기업은 고객관계의 이성적 측면을 정확하게 측정할 수 있지만, 감성적 관계를 정확하게 측정하기는 어렵다. 따라서 많은 기업들이 대부분 감성적 관계는 무시하면서 이성적 관계에 집중하게 되는 것이다.

브랜드 특성과 같이 이성적 관계를 정량적으로 측정하는 일은 간단하고 수월한 일이다. 고객설문조사를 통해 어떤 특성이 그 브랜드를 연상시키는지를 물어보았다. 펩시는 얼마나 "산뜻한가?" 마쯔다의 뒷좌석은 얼마나 "편안한가?" 시카고 트리뷴(Chicago Tribune)의 배달 서비스는 얼마나 "믿을만한가", 은행창구 직원을 만나기 위해 얼마나 기다려야 하는가?

반대로, 소비자가 느끼는 브랜드의 이미지와 특성에 대한 연상이라는 것은 상대적으로 부드럽게 나타난다. 펩시는 얼마나 "걱정을 없게 하는가?" 마쯔다는 얼마나 "신념이 있는가?" 미국의 10대 신문 중 하나인 시카고 트리뷴(Chicago Tribune)은 얼마나 "활기를 띄게 하는가?"

누가 이런 것에 관심이나 있단 말인가?

다양한 종류의 브랜드 이미지와 연상을 측정하였다 할지라도, 왜 그런 결과가 나왔는 지에 대한 이유는 명확하지 않다. 그러나 기업들은 이러한 감성적인 연상과 브랜드에 대한 소비자들의 감성에서 나오는 가치가 중요하다는 사실을 알아야 한다.

감성적인 연상은 정의하기 어렵고 불분명할뿐만 아니라 투자 대비성과인 ROI(Return On Investment)가 확실하지 않기 때문에 기업들은 대부분 포커스 그룹(테스트할 제품에 대해서 토의하는 소비자 그룹)과 탐험적 연구결과에 의존해 왔다. 감성적 산출물은 CFO들이나 이사진에 의해 요구되는 정확한 수치를 측정하기 어려웠다. 그러므로 기업과 고객의 감성적인 유대관계의 상태는 균형성과기록표(balanced scoreboard)에 포함되지 않았고, 따라서 이러한 유대관계를 개발하고, 발전시키는데 있어 관리자들은 책임을 지지 않았던 것이다.

그러나 이제 상황이 변하고 있다. 감성적 브랜드관계는 확실히 측정할 수 있게 되었다. 더 중요한 사실은 감성적 관계는 은행, 호텔, 자동차, 냉동식품, 산업시멘트, 제약회사에 이르기까지 다양한 재정적 이윤창출에 연관성이 있음을 보여주고 있다. 그리고 이러한 것들은 비단 미국내 기업들에 국한된 것이 아니라, 아르헨티나, 태국, 독일, 싱가폴 등 여러 국가의 기업들에게도 해당되는 것이다.

고객 충성도 암호 풀기

2000년 여름, 갤럽 연구원들은 소비자와 브랜드간의 감성적 연계에 대해 믿을 수 있고 효과적인 측정방안에 대한 연구에 착수했다. 이 연구의 궁극적인 목표는 강력한 브랜드 결혼을 결정하는 감성적 유대감의 양을 가늠할 수 있는 표준측정법을 만드는 것이었다. 또한 소위 "정성적" 측정 단위와 고객 보유율, 교차 판매, 지갑 점유율, 소비빈도, 평방피트당 이윤을 포함하는 중요한 경영성과와의 관계를 밝혀내는 것이 목표였다.

이미 진행되었던 조사내용과 감성에 대한 심리학적 연구를 토대로 포괄적인 측정문항을 추출했다. 새 자동차 구매자, 최근 여행자, 은행계좌 이용자 등 다양한 제품과 서비스 범주의 많은 소비자들이 자신들이 현재 사용하고 있고, 가장 빈번히 사용하는 브랜드를 평가하였다. 측정치를 분석한 결과 개인 충성도 및 주요 경영성과지표와 매우 관계가 높은 최종 항목을 추출하였다. 최종 항목 리스트는 CE(Customer Engagement)라는 11개의 척도이다.

개별적 차원에서 11개 척도 하나 하나가 기업의 경영성과를 예측할 수 있게 해주었지만, 이 항목들간에는 중요한 상호작용을 하고 있으며, 브랜드 결혼을 성사시키고 유지시키는 방법에 대한 이해를 탁월하게 넓힐 수 있도록 도와준다. CE[11] 측정법은 브랜드 애착의 정도를 정확하게 측정할 수 있는 방법인데, 이 CE 측정법은 일반적으로 브랜드들이 보통의 관계에서 시작하여 브랜드 결혼이라는 관계로 발전되는 것을 측정할 수 있게 해 준다.

브랜드 열정을 쫓아서

갤럽의 연구결과를 통해 밝혀진 것처럼, "브랜드 애착 피라미드" 표는 감성적 연결관계의 계층구조를 보여주고 있다.

피라미드에서 보여지듯이, 감성적 연계는 고객과 브랜드가 연결되도록 종합적으로 감성적 결합을 만들어내는 네가지 지각요소로 구성되어 있다. 이 네가지 지각요소들은 신뢰성, 성실성, 프라이드, 열정이다. 각각의 요소들은 고객이 기업의 제품이나 서비스를 사용하는 과정에서 만들어지는 총체적인 감성적 결합의 일부분이다. 그리고 각각의 요소는 두 가지의 평가척도에 의해 확실하게 측정될 수 있다.

브랜드 애착 피라미드

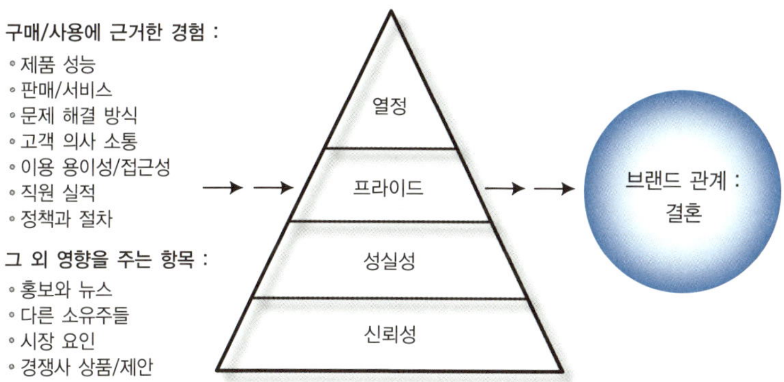

신뢰성과 성실성은 브랜드 결혼의 필수적인 초석이 된다. 이 항목들은 기업의 실적과 기업이 처한 상황이 좋지 않음에도 불구하고 소비자들이 항상 기업에 대해 믿음을 가지고 있다는 것을 의미한다. 만약 소비자들이 기업이 약속을 지속적으로 지켜나갈 수 있는가에 대해 의심을 한다면 현실적으로 소비자들과 브랜드의 긍정적 관계는 형성되지 않을 것이다.

기업은 소비자들이 느끼는 제품의 질, 가격, 서비스 등 불만족 요인을 해결하지 못할 경우 고객과의 관계는 계속 유지하기 힘들 것이다. 그러나 브랜드 결혼을 위해서는 기본적으로 해야 하는 것 이상이 필요하게 된다.

신뢰성과 성실성에는 기업들이 브랜드 제품과 서비스를 구매하고 사용하는 소비자들을 어떻게 대우하는 지에 대한 믿음을 반영한다. "브랜드 애착" 관계의 다음 두 단계는 그러한 대우가 소비자에게 어떤 느낌을 갖게 하는가와 관련된 프라이드와 열정이다.

Chapter 08

브랜드 결혼 서약 지키기

Part 1. 브랜드 신뢰성

브랜드 결혼은 아래의 그림에서와 같이 신뢰성과 성실성의 기반 위에서 구축된다. 기반이 튼튼할 때 관계는 지속될 수 있다. 관계가 흔들리게 되면 브랜드와 소비자와의 관계는 위험하게 된다.

브랜드 애착 : 기본구조

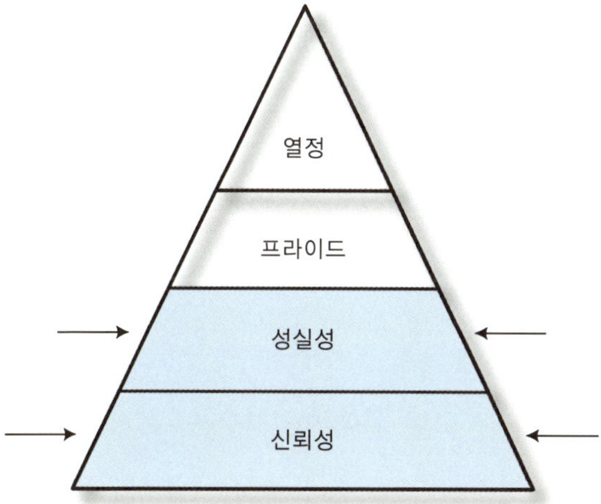

신뢰성 게임 : 브랜드 결혼의 기초

브랜드 결혼에서 가장 기본이 되는 것은 신뢰성인데 기업이 브랜드 약속을 지킬 것이라고 소비자가 믿을 수 있어야 가능하다. 만일, 소비자가 생각할 때 특정 기업이 브랜드 약속을 지키기 위해서 '노력을 한다' 거나 '최선을 다한다' 거나 '대부분은 지킨다' 라고 느끼게 되면 소비자는 기업이나 브랜드를 신뢰할 수 없게 된다. 그러나 만약 소비자가 어떤 특정기업은 항상 고객과의 브랜드 약속을 지킨다고 확신하게 되면 기업이나 브랜드에 대해 소비자는 한없는 신뢰를 보낸다.

브랜드를 신뢰한다고 말하는 소비자들의 이야기는 경우에 따라서 다양하다.

"아마존은 주문하면 이틀안에 물건을 배달해 준다"고 이야기하는데, 실제로 이틀안에 항상 물건을 배달해 줍니다.

"나는 항상 컨티넨탈 항공사를 이용합니다. 특히 해외여행을 하는 경우에는 반드시 이용하지요. 왜냐하면 항상 편안하고 안전함을 보장해 주기 때문이죠."

"나는 그곳에서 마음에 들지 않는 식사를 해 본 적이 없습니다. 나는 항상 적극적으로 그곳을 추천하지요."

"매니저가 '당신을 위해 준비하겠습니다' 라고 말하면 언제나처럼 실제 행동으로 옮깁니다."

"아이가 자라서 옷을 입을 수 없게 되기 전에 구멍이 나면 교환해 준다는 약속을 한 후에 실제로 그런 상황이 발생하면 반드시 그 약속을 지킵니다."

"코카콜라는 정말 완벽합니다. 맛이 항상 똑같죠. 다른 소다음료와는 비교가 안되죠. 당신은 언제 어디서나 동일한 맛을 느낄 수 있을 것입니다."

반면에 브랜드에 대해 좋지 못한 경험을 한 소비자들은 아래와 같이 이야기한다.

"이 특별한 패스트푸드 레스토랑에서 여러분은 줄을 서서 기다리고 있지만 음식을 주문하기 위해서는 아직도 15분을 더 기다려야 한다는 사실을 알지 못할 거예요. 이건 일종의 도박이죠. 음식이 정확하게 나오긴 할까요? 나는 항상 포장된 음식을 확인해야 합니다."

"내가 다니는 지방은행은 최근 전국단위의 대형은행에 합병되었는데, 참 어정쩡하더라고요. 만약 나를 맞이하는 점포직원이 그 은행에 근무를 했던 사람이라면, 확실하게 좋은 서비스를 받을 수 있겠죠. 하지만 대형은행차원에서 훈련되어 파견된 생면부지의 점포직원이 나를 맞이한다면, 다시는 그 은행에 가지 않는 편이 나을 것 같군요."

정량조사 결과를 통해 명확하게도 차이가 있음을 알 수 있다. 경쟁 브랜드들이 모두 다 소비자 신뢰를 똑같이 받을 수는 없다. 왜냐하면 정량조사를 해 보면 어떤 브랜드가 잘했고 어떤 브랜드가 못했는가를 명확하게 알 수 있기 때문이다.

신뢰성은 오랜 시간에 걸쳐서 형성되며 마음으로 느껴지는 감성적인 것을 표현하기 때문에 하루 아침에 단 한번의 브랜드 경험을 통해서는 강력한 브랜드 신뢰성이 형성될 수 없다. 신뢰성이라는 것은 여러번의 경험과 접촉에 의해 생기는 결과로서 조금씩 형성되고 진화, 발전하는 것이다.

기업이 충심을 다하여 브랜드 약속을 이행하지 않는다면 고객과의 계약관계는 위태로울 수 밖에 없다는 사실을 밝혀냈다. 여러가지 제품 및 서비스 카테고리를 살펴본 결과, 고객 신뢰성이 우수(5점 만점에 5점인 경우)하다고 대답하지 않은 비율이 평균 29%에 이르는 것으로 조사되었다. 사업의 결말이 깔끔하지 않은 것은 형편없고 용인할 수 없는 성과 때문이기도 하지만, 약속 - 이행단계에서 고객들이 '우수(great)' 하지 않은 것으로 인지하기 때문이기도 하다. 고객의 브랜드에 대한 신뢰성 측면에서 보면 단순히 '양호함(good)' 이라는 것은 '우수함(great)' 이라는 것의 적(enemy)인 것이다.

기업이 신뢰성을 얼마나 확보하느냐는 단순하게 소비자들이 브랜드를 얼마나 신뢰하고 있는지 물어보는 것 만으로는 부족하다. 의미있는 측정치를 산출해 내기 위해서는 우리가 단순하게 생각하는 것 이상의 것이 필요하다. 브랜드는 판매량, 교차 판매, 기업의 수익성과와 같이 비즈니스 결과물과 확실히 관련이 있어야 한다.

신뢰성 : 측정이 중요하다

신뢰성은 다음의 간단한 2개의 척도를 이용해서 효과적이고 믿을만한 결과치를 얻을 수 있다.

✔ [○○브랜드]는 내가 항상 믿을 수 있는 것이다.
([○○Brand] is a name I can always trust.)

✔ [○○브랜드]는 약속한 것을 항상 지키는 것이다.
([○○Brand] always delivers on what they promise.)

그런데 반드시 명심해야 할 것은 두 문장 모두 '항상(Always)'이라는 단어를 사용한다는 것이다. 고객들은 항상 브랜드를 신뢰하고 전달하고자 하는 느낌을 갖는 것일까? 이 두 문장에 대해 미적지근하게 동의한다면 분명히 브랜드는 가치가 없게 되는 것이다. 신뢰라는 것은 이 두 문장에 대해 강하게 동의해야 한다는 것이다. 배우자에 대해서 '가끔씩' 믿을 수 있다고 생각한다면 과연 '결혼'이 지속적으로 유지될 수 있을까?

위 두 가지 질문은 기업(제품이나 서비스, 직원을 포함하는 개념임)이 단지 약속을 지키기 위해서 노력하는 정도가 아니라 지속적으로 노력하여 약속을 지킨다는 것을 소비자가 느끼게 해서 인정하게끔 하는 정도를 의미하는 것이다. 세계 여러나라의 제품이나 서비스를 테스트해 본 결과, 소비자들이 브랜드에 대해서 다양하게 묘사하는 신뢰성간에는 확연한 차이가 있음을 알 수 있다. 만약 차이점을 발견하지 못했다면 그것은 그 카테고리 안에 있는 모든 브랜드들이 똑같은 약속을 하였고 어느 정도 똑같이 약속을 잘 지키고 있기 때문이다. 간단히 말해, 차이점이 없다면 브랜드들이 차별화되지 않았기 때문이다.

예를 들면, 최근 미국에서 포드나 닷찌와 같은 자동차를 구입한 소비자들을 연구한 바에 따르면 약 23%만이 자동차를 만든 기업에 대해 높은 신뢰성을 보이고 있고, 나머지 77%의 소비자들은 자동차를 생산한 기업이 소비자들과의 약속을 항상 지키려는 능력이 있다는 데 대해 다소 의구심을 갖고 있었다.

반면에 토요타, 혼다, 폭스바겐, 볼보와 같은 수입차를 구입한 사람들 중에서는 약 33%가 매우 높은 신뢰성을 보였다. 이는 국내기업이 생산한 차를 산 사람들에 비해서는 월등하게 높은 신뢰성을 보이고 있는 것이다. 한편, 외국 수입차를 구입한 사람들의 67%만이 의구심을 갖고 있다는 것이다.

이러한 결과는 비행기 이용객들에게서도 비슷하게 나타났다. 미국 여행객들을 대상으로 한 연구에서 유명 항공사를 이용한 이용객의 경우 약 33%가 매우 높은 신뢰성을 보인 반면, 경쟁사의 이용객들은 단지 4%만이 신뢰를 하고 있는 것으로 조사되었다.

기업들이 생산하는 모든 브랜드에 대해서 소비자들이 한결같이 높은 신뢰를 보인다는 것은 사실 쉽지도 않고 짧은 시간 안에 이루어질 수도 없는 어려운 일이다. 대부분의 기업들은 소비자들로부터 신뢰를 얻기 위해 많은 노력을 한다. 그래서 평범한 제품들과 달라 보이려고 차별점을 강조하기도 한다. 그러나 브랜드 결혼단계까지 진행되려면 아직도 더 많은 노력이 필요하다.

신뢰성 쌓기

금융서비스를 제공하는 기업과 자동차딜러, 비누 생산기업, 의류 소매업자간에 신뢰성을 형성하는 요소들이 다소 차이가 있을 수 있다. 물론 차별점이 명확하게 존재하는 반면, 브랜드 약속을 실행하는데 있어서 어느 정도 유사성도 존재한다.

신뢰성이라는 것이 단순히 기업이 제공하는 제품의 품질이나 제품에 대한 믿음에서 생기는 것은 아니며, 기업이 브랜드 약속을 이행하는 모든 과정과 모든 소비자 접점에서 신뢰성이 생기게 된다. 따라서 기업체 직원들, 점포의 환경, 점포내 소비자와의 커뮤니케이션 등도 신뢰성을 형성하는 주요한 도구들이다. 기존의 4P 이외에 소비자와의 접점 중 하나인 기업체 임직원(People)들을 합쳐 5P가 신뢰성을 형성하는 주요한 포인트라고 볼 수 있다.

은행분야에 대한 최근 연구를 살펴보면, 은행이 고객들의 세심한 부분에 대해 관심을 갖거나 고객의 은행거래를 정확하게 해주는 것이 은행과 고객간의 신뢰성을 형성하는데 아무런 역할을 하지 못하는 것으로 조사되었다. 물론, 은행들은 고객과의 신뢰성 형성을 위한 매우 많은 노력을 기울이고 있으며 이것이 매우 중요한 것임은 분명한 사실이다. 최근의 한 연구에 따르면 은행들 서비스가 절대적으로 신뢰할 만하고 확실하다고 느꼈던 고객들이 대략 24배 정도나 많은 신뢰를 보내고 있는 것으로 조사되었다. 어쨌든 은행 점포직원들이 이례적으로 친근하고 유익하다고 느꼈던 고객이 훨씬 쉽게 은행에 대해서 신뢰를 하는 것으로 나타났다. 즉, 은행의 서비스에 대한 믿음보다는 직원들에 대한 믿음이 높은 고객들이 더욱 높은 신뢰성을 보이고 있는 것이다. 은행입장에서는 은행시스템을 정확하고 문제없이 잘 운영하는 것보다는 은행 창구직원들을 잘 교육시켜 훌륭한 고객서비스를 제공하는 것이 은행고객들의 신뢰성을 높이는데 더 효과적이라는 의미이다.

자동차 산업분야에서도 마찬가지인데, 꼭 제이디파워(J.D Power)나 컨슈머 리포트(Consumer Report)가 아닐지라도 자신들이 타고 다니는 자동차가 외부로부터 높은 신뢰도 점수를 받아왔다면 자동차 소유주들은 무한한 신뢰를 가지게 될 것이다. 하지만 대부분은 전문지식으로 무장한 판매직원이나 서비스 직원들에 의해서도 동일한 신뢰를 가지게 된다는 사실이다.

간단히 말해서, 사람이 브랜드를 만든다고 볼 수 있다. 그리고 고객의 신뢰성을 강화하는데 있어 사람들이 그 일부를 담당한다는 것이다. 호텔이나 레스토랑, 열차 서비스, 기타 엔터테인먼트 제품과 같은 분야에서는 '웃음'이 제품의 역할을 담당하는데, 특히나 고객을 응대하는 직원들이 고객들의 신뢰성을 형성시키는데 있어서 매우 중요한 요소가 된다. 물론, 금융이나 전자통신, 서비스산업 분야에서는 정확하고 믿고 맡길 수 있다는 점이 고객들이 기대하는 요소이므로 중요하게 다루어진다.

Chapter 09 브랜드 결혼 서약 지키기

Part 2. 브랜드 성실성

브랜드 애착 피라미드의 다음 단계는 바로 성실성이다. 신뢰성처럼 브랜드 성실성도 브랜드가 브랜드 약속을 어떻게 이행하는가에 대한 소비자의 믿음을 반영하고 있다. 그러나 성실성은 신뢰성에 비해 한발 더 나아간 개념이다.

한발 더 나아간다는 의미는 아무리 힘이 들어도 소비자와의 약속을 지키기 위한 방안을 찾는다는 것이다. 계속해서 찾다 보면 좋은 순간이 아니라 정말 어려운 순간이 닥쳐와도 브랜드와 소비자와의 끈끈한 관계는 계속 유지된다. 이렇게 성실성을 갖고 있는 브랜드에 대해서 소비자들은 매우 강한 감성을 느끼게 된다.

성실성에 대해 말하는 소비자들은 아래와 같이 본질적인 것을 강조할 것이다.

"장인정신을 가지고 있는 기업들은 자신들이 만드는 제품을 끝까지 책임질 것입니다. 그리고 만일 무슨 고장이라도 난다면 반드시 무료로 제품을 바꾸어 줄 정도로 끝까지 보증을 해 줄 것입니다."

"나는 지금까지 내가 믿고 있는 브랜드를 의심할만한 그 어떤 것도 발견하지 못했어요. 그것이 바로 내가 거기에서 쇼핑을 하는 이유죠."

“기업이 가끔 잘못을 하고 옳지 못한 것을 한다고 해도 나는 그 기업을 계속 신뢰할 겁니다. 왜냐하면 결국 그 기업은 다시 올바르게 일을 처리할 것이기 때문이죠. 누구든지 실수를 할 수는 있습니다. 나는 그들에게 서비스와 책임감을 갖기를 바라는 거죠. 그 기업들이 내가 바라는 서비스와 책임감을 실천하는 한 나는 언제나 그 기업을 지지할 것이다.”

“내가 사용하고 있는 인터넷 서비스업체는 매우 작은 로컬 기업입니다. 그런데 몇몇 대기업과는 달리 일대일로 소비자 서비스를 받을 수 있고요, 어떤 문제가 있을 때마다 즉각적인 서비스를 받을 수 있습니다. 이런 경우는 사실 매우 드물죠.”

그러나 성실성은 기업들이 어떻게 제품을 잘 만들고 문제를 해결해 주는가에 대한 소비자들의 감성뿐 아니라 각각의 소비자들이 얼마나 공정하게 대해 주고 있는가 와도 연결된다. 브랜드가 성실성을 보여줄 때 소비자들은 자신들이 투자한 것에 대해 공정하게 보답을 받을 것이라고 기대할 수 있다고 믿는다.

“나는 다른 사람의 입장에 서보곤 합니다. 만일 내가 그 사람들을 대하는 것처럼 다른 사람들도 나를 대한다면 그 사람들은 나를 공정하게 대해 주는 것입니다.”

“만일 다른 사람들이 받고 있는 것과 동일한 수준의 서비스를 받고 있다면 나는 공정하게 대접받고 있다고 생각합니다.”

“비즈니스라는 것은 고객에게 항상 좋은 서비스를 제공해 줄 의무가 있습니다. 고객이 항상 옳을 수는 없겠지만 고객은 우리의 영원한 고객이니까요."

"당신들이 우리를 고객으로서 귀중하게 생각하고 있다는 것을 보여주는 것은 중요한 일입니다. 당신은 언제나 당신의 고객을 그렇게 대해야 합니다."

"골든 룰(Golden Rule)은 반드시 지켜져야 하는 것입니다."

그것은 필수적인 것이다 : 중간에 고객과 기업의 관계에 있어서 성과가 일시적으로 좋지 않을 수도 있다. 하지만 기업들이 이런 피할 수 없는 난국을 얼마나 잘 헤쳐나가는 지에 대한 고객의 인지정도에 큰 차이가 있으며, 또한 고객들이 동등하게 대우받고 있는 지에 대해 느끼는 정도에도 큰 차이가 있음이 정량조사를 통해서 밝혀졌다.

브랜드 성실성 : 측정이 중요하다

갤럽의 연구에 의하면, 성실성은 서로 관계있는 두개의 척도로 측정될 수 있다. 이러한 척도는 고객과 접촉을 하고 있는 기업의 성실성을 측정하는 방법으로 사용되어 왔다. 아래의 척도는 전화, 인터넷 또는 대면접촉과 같이 소비자와 직접적으로 접촉하는 기업의 브랜드 성실성을 측정하는데 매우 유용하게 사용될 수 있을 것이다.

- ✓ ○○ 브랜드는 항상 소비자를 공정하게 대해 준다.
([○○Brand] always treats me fairly.)
- ✓ 만약 문제가 발생한다면 나는 언제라도 공정하고 만족스러운 결단이나 결론을 제시하는 그러한 브랜드를 믿는다.
(If a problem arises, I can always count on [Brand] to reach a fair and satisfactory resolution.)

이 측정척도는 기업들이 최선을 다하고 있는지 여부와는 상관없이 드러난 성과의 우수성에만 항상 역점을 두고 있다. 고객보고카드(customer report cards)에 따르면, 대부분의 브랜드가 A 아니면 F에 해당하는 점수를 받을 수 있는 것으로 나타났다.

자동차회사에서부터 제약회사, 리조트 호텔에 이르기까지 각종 제품이나 서비스에 대한 정확한 평가를 위해 이 두 가지 척도를 사용하고 있다.

따라서 고객과 직접적인 접촉이 없는 기업의 경우에는 직접적인 접촉이 있는 기업과의 차이점을 극복할 수 있는 성실성 측정척도를 만들어야 한다. 예를 들면 치약, 자동차 오일, 세탁 세제나 소프트웨어를 마케팅하는 기업들은 최종 소비자들과 직접적이고 개별적으로 접촉하는 경우가 드물다. 그렇지만 기업들은 그들의 제품을 보관하고 진열하는 유통업자 및 상점들과 직접적이고도 개별적인 매우 중요한 상호작용을 할 수 있다는 것이다. 이런 상황에서는 최종 소비자는 아니지만 유통업자들도 하나의 소비자로서 보호받아야 마땅하다.

제품 마케터들은 그들이 마케팅하는 제품의 브랜드 홍보대사(Brand ambassador)인데, 단순한 제품이 아닌 그들의 패키지, 기업정책 그리고 멀티미디어 브랜드 커뮤니케이션 등이 포함된 제품을 의미한다. 제품 마케팅에만 집중하고 있는 기업의 경우 고객이 브랜드와 어떤 관계를 가지고 있는지의 차이를 설명을 하기 위해 보정된 일련의 측정척도를 통해서 성실성을 측정된다.

✓ [○○브랜드]는 매우 존경받는 브랜드이다.
([○○Brand] is a highly respected brand name.)

✓ 만약 문제가 발생한다 해도 나는 항상 그 제품 [○○브랜드]를 믿을 수 있다.
(If a problem arises, I can always count on [○○Brand] to stand behind their products.)

신뢰성과 마찬가지로 성실성 역시 시간이 지나면서 형성되는 소비자들의 인식(Perception)을 말한다. 성실성은 기업이나 제품이 시장내에서 오랜 기간에 걸쳐 얼마나 성과가 나타나는지 그리고 사회에 얼마나 기여하는 가에 의해 평가될 수 있다. 또한 성실성은 한 기업의 정책, 일을 처리하는 절차 등에 의해서도 영향을 받는다. 물론 기업의 대표자가 어떻게 보여지는 가도 성실성 측정에 있어서는 매우 중요한 요소이다.

기업이 자신의 제품을 알리기 위한 공약은 단순한 구호가 아니다. 기업이 제품불량이나 리콜과 같이 시장에서 위기를 어떻게 잘 처리하느냐에 따라 브랜드 성실성이 분명하게 입증될 것이고,

브랜드에 대한 소비자 인지도에도 지대한 기여를 하게 될 것이다. 문제가 발생하게 되면 진행되고 있는 서비스의 성과를 알려주는 고객보고카드에서 대부분의 브랜드 성실성은 A 혹은 F에 해당하는 점수를 받게 된다.

1982년 잘 알려진 존슨앤존슨의 타이레놀 사건은 기업이 위기에 직면했을 때 어떻게 대응해야 하는 가를 잘 보여주고 있다. 심지어 기업이 위기를 스스로 자처한 것이 아니라 외부의 상황에 의해서 발생한 것이라도 말이다. 타이레놀에 문제가 생겼다는 것을 안 순간 존슨앤존슨은 엄청난 비용부담이 많이 되었음에도 불구하고 모든 제품을 즉시 수거했다. 타이레놀이 새로운 포장방식을 도입한 다음에야 비로소 다시 소비자들에게 제품을 판매하기 시작하였다. 존슨앤존슨은 단순하게 문제가 발생한 일부 지역에 국한해서 제품을 수거한 것이 아니라 미국내 모든 제품을 수거했다. 결국 타이레놀은 국민들에게 신뢰를 만회할 수 있게 되었고, 언론들로부터 다시 신용을 얻게 되었다.

이러한 교훈이 있기는 하지만 모든 기업들이 적극적으로 대응하는 것은 아니다. 대부분의 기업들이 보여주는 첫 번째 반응은 '부정' 이다 : "그것은 문제거리도 되지 않으며, 우리 잘못도 아니다." 그런데 중요한 것은 이렇게 하게 되면 브랜드 성실성은 높아지지 않는다는 것이다. 또한 브랜드 결혼을 더욱 강력하게 만들어 주지도 못하게 된다.

일반적으로 보면 제품이나 서비스 카테고리에 따라 성실성에 대한 평가는 차이가 있다. 예를 들면, 5분의 1도 안 되는(17.3%) 항공사만이 문제해결에 대한 성실성 점수가 높게 나타났다. 은행에 자신의 계좌를 보유하고 있는 소비자의 35.4%가 은행의 성실성에 대한 믿음을 갖고 있는 것으로 나타났다. 온라인 쇼핑몰은 26.4%, 대형 쇼핑몰은 28.0%가 성실성에 대해 좋은 감성을 가지고 있는 것으로 나타났다. 이러한 쇼핑몰들이 가끔 실수를 하고 고객들을 실망시키기는 하지만, 소비자들은 그들이 이용하는 항공사와는 다르게 이러한 쇼핑몰들이 돌발상황이 발생하게 되면 그것을 해결하고자 재빠르게 행동할 것이라는 것을 믿고 있다.

그렇지만 대부분의 소비자들은 브랜드들간에 종종 일어나는 이러한 커다란 변화에 대한 본심은 숨기고 있다. 최근 대다수의 항공기 이용객들은 그들이 이용하는 항공사의 공평성 및 성실성에 대해 높은 점수를 주지 않았다. 어쨌든 소수의 항공사들만이 이러한 추세와는 다르게 좋은 점수를 받아왔다. 이러한 좋은 성과를 낸 항공사들은 다른 항공사들에 비해 특출난 경우에는 10배 정도이지만 보통 2배, 3배, 많게는 4배나 높게 성실성에 대한 점수를 받아왔다.

식료품 소비자들을 대상으로 한 연구에서 10명 중 4명에 해당하는 40% 정도의 고객이 한 식료품 체인의 성실성을 매우 높게 평가했다. 물론 경쟁사 고객의 경우 반이 넘는 56%에 이르고 있었지만 말이다. 라틴 아메리카의 또 다른 한 연구에서는 반대의 결과가 나타났다. 한 식료품 체인점 소비자의 40%가 자신들이 이용하는 식료품 체인이 공정성과 성실성을 가지고 있다고 확신한 반면, 경쟁사 소비자의 경우 단지 7%의 소비자만이 그 체인점을 성실하다고 느끼고 있었다는 것이다.

이러한 결과로부터 중요한 결론을 도출해 낼 수 있는데, 몇몇 기업이 경쟁사들보다 뛰어난 성과를 보여주고 더 많은 이익을 제공해주고 있지만 대부분의 기업이 문제를 줄이고 해결하는데 있어서는 우수하다고까지 말하기는 어렵다는 것이다.

기업들이 직면한 문제를 훌륭하게 해결하지 못한다면, 고객과의 관계는 위태로울 수 밖에 없다는 사실을 연구를 통해서 밝혀낸바 있다. 고객들의 문제나 실망스러움의 해결을 위해서 기업은 과거에 고객에서 서비스하기로 공약했던 사항에 대해서 반드시 지켜야만 한다. 기업이 고객과 약속을 한 바에는 기업이 그것을 지키기 위해 노력하고 있다는 것을 강력하게 보여주어야 할 것이다.

골든 룰 (The Golden Rule)

소비자들을 공정하게 대한다는 것은 특별하게 대해 주어야 한다는 것과는 다르다는 것을 명심해야 한다. 소비자들은 다른 사람들에게는 제공하지 않는 생각하지도 못한 뜻밖의 이익을 제공받은 것에 대해서 기뻐할 수는 있을지 모르지만 소비자들은 기본적으로 다른 사람들처럼 동등하게 대해 주기를 바란다. 소비자들은 기업이나 그 기업이 생산하는 제품이 해 줄 수 있는 수준에서의 적당한 보상을 기대할 뿐이다.

따라서 비행기를 자주 이용하는 사람들은 항공사에게 돈을 벌도록 해주고 있다고 생각하기 때문에 가끔 이용하는 사람들보다는 조금 더 많은 것을 기대하게 된다는 것이다. 오랫동안 비즈니스를 함께해 온 사람들은 서로간의 관계를 인정해 줄 정도의 대접을 기대하는데 그 이유는 다른 사람들보다 낮은 수준의 대접을 받는 것을 원하지 않기 때문이다.

헬렌이 다음과 같이 말했다.

"만일 내가 상점안으로 들어가거나 특정 서비스를 제공해 줄 것을 요청한 경우 나는 공평하게 대우받을 것이라는 사실을 알고 있습니다. 또한 다른 사람들이 받았던 것과 똑같은 서비스를 받게 될 것입니다. 내가 상점안으로 걸어 들어갔는데 아무도 나를 반기지 않고 나 혼자 내버려 둔 것에 반해 다른 어떤 사람이 상점에 들어가자마자 점원이 다가와서 도와주려고 한다면 나는 정말 기분이 언짢아질 것입니다."

공평하게 대접받든 불공평하게 대접받든 그 상점에 대해 갖는 헬렌의 기분이나 감성과는 다른 목소리를 내는 사람들도 있다. 이러한 것들이 고객들에게 진정한 차이를 느끼게 하는 이유인 것이다.

"골든 룰은 지켜져야 한다고 생각합니다. 만약 어떤 사람이 나를 불공평하게 대한다면 그것이 나를 직접적으로 모욕하는 것이라고 느낄 거예요. 물론 그것이 나를 모욕하는 것이라고 생각하면 안되지만 실제로는 모욕이라고 느낄 겁니다. 그리고 나는 화를 내면서 다른 사람들에게 그것을 이야기하겠죠."

"나도 다른 사람들과 똑같이 대접받고 싶습니다. 때때로 상점에 들어오는 손님들의 외모만을 가지고 불공평한 대접을 받곤 하는데 만약 내가 그런 입장이라면 나는 그 매장에 다시는 가지 않을 것입니다."

"저는 그들에게 기회를 주지요. 누구든지 실수를 할 수 있기 때문이죠. 그러나 실수를 했다면 재빨리 미안하다고 이야기할 필요도 있습니다. 그리고 결국에는 자신들의 실수를 인정하는 사람들이 잘 될 것이라는 것도 잘 알고 있습니다."

"나는 자신이 판매하는 제품을 지지하는 그러한 상점을 기대하죠. 결국 당신의 비즈니스 가치가 있다는 것을 보여줄 테니깐 말이죠."

"나는 내가 하는 말에 상대방이 귀기울일 때 내가 공정하게/정당하게 대접받고 있음을 느낍니다. 내 욕구가 충족되든 아니든 간에 적어도 내 말에 귀를 기울인다는 것을 알게 되면 나는 매우 만족스러움을 느낄 것입니다."

다시 말하지만 성실성은 실수가 하나도 없는 완벽한 성과를 의미하는 것이 아니라, 아래와 같은 내용을 강하게 내포하고 있다.

- ✓ 문제점이나 실수가 자주 발생하지는 않을 것이다. 그리고
  (Errors and problems will be rare rather than frequent, and.)
- ✓ 확인된 문제들은 드러내어지고, 처리가 되어 결국에는 공정하게 해결될 것이다.
  (Identified problems will be acknowledged, handled, and equitably resolved.)

소비자들은 정당성을 인정받고 평가받고 싶어한다. 또한 자신들의 감정을 인정받고 싶어하고 관계를 보장받고 싶어한다. 일부 기업들은 이러한 인식을 좀 더 명확하게 하기 위해 고객관계관리(CRM : Customer Relationship Management)를 활용하기도 한다. 이 CRM은 좀 더 포괄적이고 컴퓨터 프로그램화된 추적 시스템으로 고객들과의 관계수준이나 깊이, 넓이에 따라 소비자를 좀 더 명확하게 구분할 수 있게 해준다. 불행하게도 이 CRM은 감사의 마음을 표현한다거나 고객을 인지한다거나 고객과의 관계를 강화시키거나 하는 데는 좀처럼 이용되지 않는다. 이는 좀 더 많은 것을 고객들에게 판매하기 위해 사용하는 단순한 메커니즘에 불과할 뿐이다. 마케터들이여 명심하라 : 소비자들에게 무엇인가 새로운 것을 많이 제안하는 것만이 브랜드 성실성을 강화시키는 것이 아니라는 것을. 그것은 단지 기업 자체의 사리사욕을 채우는 것일 뿐이라는 것을 알아야 한다.

만약 기업입장에서 모든 소비자들을 동등하고 공정하게 대접하고자 한다면, 수많은 것들이 소비자에게 제공되어서는 안된다. 은행이나 신용카드회사, 전화회사나 신문사들이 하는 마케팅 노력을 생각해 보라. 신문사들은 종종 가격을 많이 깎아준다. 그런데 신문사들은 과거 몇 십년 동안 애독자였던 기존고객이 아니라 새로운 소비자들에게만 가격을 할인해 준다. 은행들도 과거 7년 동안이나 아무런 불평없이 이자를 매달 지불했던 기존고객을 무시한다.

이런 기업들에게 '상호 존중' 이나 '공정성' 이라는 개념은 어디에도 없다. 기존고객들은 자신들과 기업의 오랜 관계가 이제 막

새로 가입한 신규고객보다 못한 정도의 대접을 받을 만큼 별볼일이 없다고 느낄 것이다. 신규고객들에게 특별한 무언가를 제공한다면 바로 신규고객을 확보할 수는 있지만, 중요한 점은 반드시 기존고객을 희생시켜야만 한다는 점을 알아야 한다.

문제, 문제, 문제

당신 고객이 직면한 문제가 당신의 비즈니스를 통해서 얼마나 잘 해결될 수 있는가? 고객이 직면한 어려움에 빠르게 대응한다면 고객들은 당신 회사의 성실성을 매우 높이 평가할 것이다.

브랜드 결혼의 전체적인 건전성은 크던 작던 간에 각종 문제들에 의해서 심각하게 영향을 받을 수 있다. 우리는 과거에 어떠한 문제를 경험했던 고객들은 로열티가 일반적으로 3분의 2정도까지 떨어진다는 사실을 밝혀냈다. 이러한 각종 문제들은 기업의 기반을 갉아 먹을뿐만 아니라, 구매자나 사용자가 당신의 기업이 갖고 있는 약속이행능력에 대한 의구심을 갖게 하는 원인을 제공하게 되어 결국 고객관계가 악화된다는 것이다.

문제가 발생하면 소비자들도 바로 알게 된다. 그렇지만 소비자들은 기업의 문제해결여부와는 별개로 문제해결과정과 노력을 훨씬 중요하게 생각한다. 문제에 대한 해결책이 분명하게 중요한 것일지라도 고객들은 기업의 성실성 여부와는 상관없이도 문제를 해결할 수 있다는 것이다. 문제의 해결책은 변호사가 증거를 찾아내듯이 억지로 찾아낼 수도 있지만 기업과 법정싸움까지 끌고가 해결을 보는 것과 같은 방법은 고객의 충성도와 신용을 쌓는데 절대적으로 좋은 방법은 아닌 것이다.

이러한 문제처리와 관련한 연구에서는 기업이 해결과제에 대한 본질에 집중하는 동안에도 고객과의 관계회복 가능성이 매우 중요하다는 것을 강조하고 있다. 아주 잘 해결된 문제는 실제로 고객관계를 더 좋게 만들었고 기업의 성실성을 좀 더 강화시켜 주었다.

어쨌든 고객이 직면한 7개 문제 중 하나는 일반적으로 훌륭하게 해결된다는 사실을 밝혀냈다. 더 중요한 사실은 문제를 훌륭하게 해결하지 못한 기업은 고객과의 브랜드 결혼에 심각한 타격을 주어 고객을 위험에 빠뜨렸다는 사실이다.

반대로 문제해결을 아주 훌륭히 해낸 기업은 고객관계를 더욱 돈독하게 만들 수 있었다. 세 명의 자녀를 둔 뉴저지에 사는 한 어머니에 대한 아래 이야기에 귀기울여 보자.

"내 딸은 어렸을 적에 잠잘 때 인형을 가지고 잠을 자곤 했어요. 이것은 바로 내 딸이 잠을 자는 습관인 것이었지요. 어느 날 밤인가 인형이 작동을 하지 않는 거예요. 저는 무엇 때문인지 원인을 알 수가 없어 제품뒷면에 있는 번호로 전화를 했어요. 어떤 여자가 전화를 받았는데 그녀는 '인형을 구입하신 매장으로 가져 가세요' 라는 말을 하지 않는 거예요. 대신에 그녀는 '제가 오늘 바로 새 제품을 보내드리겠습니다' 라고 말하는 거예요. 그것도 아무런 추가비용도 없이 말이에요. 그녀는 고장난 장난감을 보내 달라고도 말하지 않았어요. 그녀는 단지 내 말을 듣고 나에게 새로운 장난감을 보내 주었어요. 저는 정말 기뻤고 매우 놀랐습니다."

물론, 위의 이야기는 일반적으로 기업들이 행하는 방법은 아니다. 미드웨스트에 살고 있는 한 젊은 어머니의 또 다른 비화를 한 번 들어보자.

"환불제도가 있다고 해서 저는 환불하기 위해 영수증과 함께 물건을 보냈는데 교환해 주지 않는 거예요. 저는 화가 났어요. 자신들이 제품을 팔 때 한 이야기와 달랐거든요. 제품을 구매할 때 판매여사원에게 미리 이 말을 했었거든요. 이것은 선물로 구입한 것이어서 다른 사람에게 줄 것이고 만일 이 제품을 가지고 온다면 교환해 주거나 환불해 주거나 또는 상점의 포인트로 돌려달라고 말이죠. 그런데 제가 그 매장을 다시 찾았을 때는 그 판매여사원을 찾을 수 없었을뿐만 아니라 교환을 하지 못했죠. 그들은 이렇게 말했죠. 아쉽지만 이제 이 제품은 당신 거예요. 그래서 저는 그 이후로 그 매장에는 다시는 가지 않았죠."

문제가 해결되지 않거나 약속이 지켜지지 않는다면 부정적인 결과가 뒤따르게 된다. 그리고 그 약속이 결국 마지못해 지켜질 때 조차도 그 결과들은 기업과 고객이 감성적으로 연결되는데 불리하게 작용한다. 미국 자동차산업 연구결과에 따르면, 자동차를 구입한 사람 중 약 21.2%는 자신들이 산 자동차가 최근에 문제가 생겼다고 응답했다. 이러한 문제들 중 일부는 다른 문제들에 비해서 훨씬 심각한 것이었지만, 그렇게 중대한 결함은 아니었다 : 고객들에게 있어서 그것이 알아낼 가치가 있는 아주 중요한 문제일지라도 말이다.

문제가 없는 자동차 소유자들의 고객충성도 수준은 문제가 있는 자동차 소유자들에 비해 약 3.6배가 더 높은 것으로 나타났다. 또한 문제가 발생했을 경우 이러한 문제들을 얼마나 잘 해결해 나가느냐가 훨씬 중요하다는 것이다. 문제가 있는 사람들 5명 중 한 사람도 안되는 18.4%의 사람들이 자동차 제조회사나 자동차 딜러들에 의해 행해지는 문제해결방법에 매우 만족하고 있는 것으로 조사되었다. 문제들이 잘 해결이 되지 않았을 때에는 고객충성도가 거의 사라졌고 로열층 고객의 비율이 1.1%까지 급락하게 되었다. 이러한 고객들은 문제를 경험하지 못했던 고객들에 비해서 무려 25배나 낮은 충성도를 보였다.

이번 연구를 통해 호텔, 은행, 식료품, 항공기, 신용카드 같은 산업에서도 유사한 결과가 도출되었다.

취급주의(HANDLE WITH CARE)

과거 수십년 동안 기업들은 각종 문제들을 해결하기 위해서 부단한 노력을 해왔다. 그리고 이러한 기업들의 노력은 분명하게도 칭찬할만한 가치가 있는 것이다. 실수 줄이기(error-reduction)나 결함 제거하기(defect-elimination)와 같은 활동은 자동차회사 같은 기업들이 잘 활용하는 방법이다. 일명 TQM (Total Quality Management)라는 이름 하에 말이다. 다른 산업분야의 제조업체에서도 문제해결을 위한 노력으로 이러한 무결점 운동을 전개하였고, 또한 식스시그마까지 이르게 한 원동력이 되었다.

사람이 결부되면 자연스럽게 문제도 발생하기 마련이기 때문에 문제를 최소화하는 것이 목표가 된다. 따라서 모든 기업들은 고객관계회복 프로그램을 가지고 있어야 하며, 이런 관계회복 프로그램은 기업들이 결과로 얻을 수 있는 고객과의 감성적인 단절과 이혼을 최소화하기 위해 이러한 문제들을 효과적이고 효율적으로 다루도록 설계되었다.

기업은 문제가 발생하게 되면 문제가 발생했다는 사실을 인정하고 관계회복 프로그램을 가동해야 한다. 매우 쉽고 간단하게 들릴지 모르겠지만 일반적으로 잘 실행되지는 않는다. 기업들은 책임을 인정하려 하지 않을뿐더러 법적인 소송에 휘말리는 것도 원치 않는다. 그렇지만 기업이 문제를 인정한다고 해도 기업이 잘못했다는 것을 솔직하게 수용한다는 것은 아니다. 기업은 소비자와의 관계가 파괴되는 어떤 심각한 일이 발생했음을 알아야 한다. 또한 기업은 소비자의 심리적인 니즈가 중요하다는 것을 인식해야 한다. 왜냐하면 소비자들은 자신들의 관심사를 기업에서 잘 들어주고 알아 주기를 기대하기 때문이다.

John Fleming은 Gallup Management Journal에서 '가장 하기 어려워 보이는 말 : 미안해' 라는 글을 통해 관계회복을 위해 반드시 필요한 6가지 단계에 대해 언급을 했다.

- ✓ 소비자의 관심사를 잘 파악하라.
- ✓ 누구의 잘못인지 잘 모르더라도 먼저 사과하라.
- ✓ 현장에서 일상적인 문제는 해결할 수 있도록 권한을 위임하라.

- ✓ 시간이 지나가면 문제가 해결될 것이라는 생각은 버려라.
- ✓ 화가 난 고객들을 진정시킬 수 있는 장치를 만들어라.
- ✓ 문제가 발생하기 이전보다 고객을 훨씬 더 나은 상태로 만들어 놓아라.

신뢰성과 성실성은 브랜드 결혼을 지속시켜 주는데 있어 매우 중요한 요소이다. 왜냐하면 결혼생활을 유지하기 위해서는 그것들이 '탁월함' 이라는 수준으로 유지되어야 하기 때문에 분명하게도 그것들을 성취하거나 유지하는 것은 쉬운 일이 아니라는 것이다. 이는 기업이 고객과의 약속을 얼마나 잘 수행하는 가에 달려있다고 해도 과언이 아니다.

브랜드 애착 피라미드의 상위 두 단계인 프라이드와 열정은 고객들이 브랜드를 어떻게 느끼는지를 설명해 주고 있다. 프라이드와 열정이라는 감성은 궁극적으로 고객 - 브랜드간 교류에 대한 강도를 정의하고 결정해 주는 것이며, 브랜드 결혼의 객관적 건전성을 나타내 주는 것이기도 하다.

Married to the Brand

Chapter

10 기초 위에 브랜드 구축하기: 브랜드 프라이드

브랜드와의 관계성을 지속적으로 유지하기 위한 기초를 다지기 위해서는 성과에 대한 기업의 전체적인 관심과 노력이 뒷받침되어야 하지만 그것만으로 충분하지는 않다. 한 브랜드에 있어 매우 강력한 신뢰성과 성실성을 확보하는 것은 어렵기 때문에 수많은 브랜드가 안정기에 도달해서는 브랜드 애착 피라미드상에서 맨 꼭대기에 도달하지 못했다. 그렇다고 하더라도 모든 브랜드는 아래 보이는 표 "브랜드 애착 : 감성적 기반 위에 구축하기"에서 보여주는 것처럼 피라미드의 맨 꼭대기에 도달하기 위해 많은 노력을 해야 한다.

브랜드 애착 : 감성적 기반 위에 구축하기

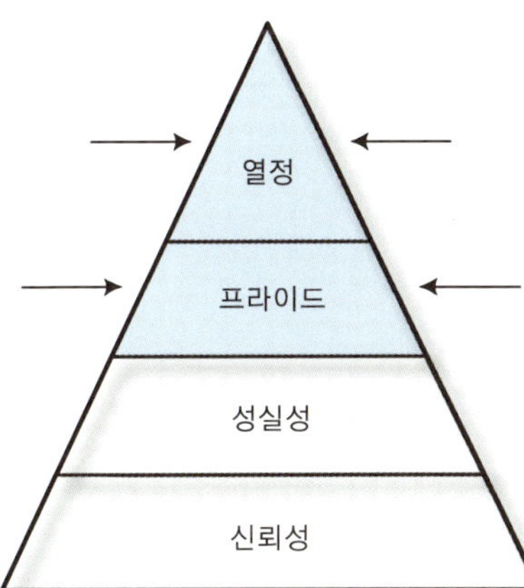

프라이드 vs 프레스티지 (Pride vs Prestige)

감성적 관계의 맨 위 두 레벨 중 첫 번째는 바로 브랜드 프라이드이다. 프라이드는 쇼핑하는 사람, 브랜드를 소유하고 있는 사람, 구매하는 사람이 그 브랜드를 사용할 때 느끼는 좋은 감정을 말한다.

어쨌든 프라이드라는 것은 프레스티지를 기반으로 한 브랜드의 상징적 가치보다는 훨씬 더 감성적인 반응을 보인다는 것이다. 분명히 사람들은 벤츠를 소유하거나 아멕스 플래티넘 카드를 사용하거나 하버드 셔츠를 입고 있을 때 대단한 프라이드를 느끼게 된다. 이러한 유형의 대중적인 프라이드라는 것은 다른 사람들이 아마도 이러한 브랜드에 대해서 느끼는 그러한 경외감에 의해서 강화된다. 그러나 소비자들이 느끼는 이러한 개인적인 프라이드는 어디까지나 대중적인 프라이드만큼 중요하며 강력한 것이다.

우리는 가치있는 브랜드를 구입하거나 할인해서 쇼핑을 하는 소비자들에게서 상당한 프라이드를 볼 수 있다. 소비자들은 자기 자신의 이미지가 반영되고, 강화시켜 주며 때로는 완전하게 만들어 주는 그러한 브랜드를 구입할 때 가장 높은 프라이드를 갖게 된다. 이러한 느낌은 자신들의 구매행위 자체가 눈에 띄지 않고 다른 사람들이 인식하지 못하는 순간에도 명확하게 나타난다.

우리는 많은 소비자들로부터 프라이드에 대한 다양한 이야기를 들을 수 있는데, 이러한 평가들로부터 브랜드들이 함축하는 바가 얼마나 감성적 측면에서 심오한 중요성을 갖는지에 대해 알게 해준다.

“나는 주방브랜드인 러버메이드(Rubbermaid) 여왕으로 알려져 있죠. 이것은 내 삶의 일부분이죠.”

“내가 언제 프라이드를 느끼냐고요? 내가 상점밖을 나설 때 상점직원들이 내가 다시 오기를 기다린다고 생각이 들 때지요.”

“나는 에디바우어(Eddie Bauer : 미국 최고 의류판매 사이트)의 걸어 다니는 광고판이라고 할 수 있죠. 내가 소유하고 있는 모든 것은 에디바우어처럼 보이거나 에디바우어와 관계가 있는 것처럼 보이니 말이에요.”

“내가 느끼기에 다른 사람들이 내 말에 귀를 기울이고 있다고 느껴질 때죠. 나는 단지 여러 일반적인 소비자 중의 한 명이 아닌 진정으로 소중한 하나의 소비자로 대접받고 있다고 느낄 때죠.”

“나는 뷰익(Buick)을 운전할 때 정말 기분이 좋습니다. 그 이유는 단지 뷰익이 최고로 고급스러운 자동차이기 때문이기 보다는 뷰익을 운전한다는 프라이드를 갖고 있기 때문이죠. 나는 내가 산 뷰익이 너무 아름다워서 ‘마리아’라는 이름까지 지어주었죠.”

개인적인 브랜드 애착은 종종 “나의 뷰익”, “나의 미라클 휩”, “나의 월마트”와 같이 소비자가 개인적인 대명사를 부여하도록 하기도 한다. 결국 브랜드가 소비자들의 삶에 없어서는 안될 그런 소중한 것으로 다시 태어나게 된 것이다. 이러한 것들은 삶의 일부가 되고, 생활하면서 그들의 삶을 정의하도록 도와주는 중요한 일부가 되는 것이다.

"나는 다른 요리사와 달리 아끼지 않고 사용하는 유일한 아이템이 하나 있습니다. 질 좋은 음식재료를 사는 것은 내게 매우 중요한 일이지요. 그게 바로 제가 누구라는 것을 말하는 것이지요. 나는 Aunt Pam입니다. 많은 사람들이 최고의 식사를 하기 위해 나의 집으로 오기 때문에 나는 질 낮은 서비스를 제공하고 싶지 않습니다. 이러한 것들은 나의 브랜드와도 어울리지 않지요."

"나는 나이키 로고가 붙은 모자를 자랑스럽게 쓰고 다닙니다. 나는 어렸을 때 나이키 가방을 메고 다녔고 나이키 스니커즈를 신었던 기억을 갖고 있습니다. 그때를 생각하면 나는 정말 즐거워요. 그래서 나이키를 자랑스럽게 신고 다니지요."

소비자들은 자신들과 상호 관계성이 있는 브랜드에 대해 프라이드를 갖게 된다. 그리고 기업들이 자신을 일반적인 하나의 고객이 아닌 매우 중요하고 감사해야 하는 고객으로서 자신들에게 가치를 제공한다는 믿음이 있을 때에도 프라이드를 느끼게 된다.

이러한 상호 관계성은 기업과 소비자가 만나는 매 순간마다 표현되어 서로 깊게 느낄 수 있어야 한다. 데미안(Damien)은 자신이 즐겨 찾는 피자가게에 대해 대단한 프라이드를 가지고 이야기한다. 그는 제품, 가격, 그리고 편리한 장소를 이야기할뿐만 아니라 피자가게에서 일하는 사람들에게 받는 느낌도 강조한다.

"내가 사는 동네에 작은 피자가게가 하나 있습니다. 음식품질이 아주 훌륭하고, 가격도 매우 합리적이며, 서비스 역시 믿을 수 있을뿐만 아니라 따뜻하고 친근합니다. 피자가게에서 주문했다기 보다는 친구에게 주문했다는 느낌이 들지요. 결국 그 피자가게는 다른 그 어떤 메이저 피자체인보다 많은 돈을 지출하도록 하지요.

브랜드 프라이드 : 측정이 중요하다

우리는 분석을 통해서 프라이드의 느낌을 반영한 두 가지 측정방법이 있음을 밝혀냈다. 이 두 가지는 어떤 관계에 있어서 반드시 필요한 상호이익과 상호존중을 나타낸다. 신뢰성과 성실성의 경우와 마찬가지로 프라이드는 일련의 비율척도를 통해서 평가된다. 이러한 비율척도는 그것 자체가 흥미롭기도 하지만 브랜드 결혼관계에 관련된 소비자들에 의해서 표현되는 느낌이나 감성들을 신뢰성 높게 나타내 주기 때문에 측정방법으로 선택되었다.

브랜드 프라이드를 측정하는 두 가지 방법은 아래와 같다.

✓ 나는 [○○브랜드]에 대해 프라이드를 느낀다. [고객/쇼핑하는 사람/사용자/소유자]
(I feel proud to be a [○○Brand] [Customer/Shopper/User/Owner].)

✓ [○○브랜드]는 항상 존경심으로 나를 대해 준다.
([○○Brand] always treats me with respect.)

이 두 가지 항목은 단순히 특정 브랜드에 대한 소비자의 태도를 반영한 것이 아니라, 소비자들이 브랜드 경험에 대해 어떻게 반응하는 가를 나타내 주고, 브랜드를 구매하는 소비자로서 자신들의 삶의 현실에 그것을 어떻게 반영하는 가를 알려주는 것이다. 이것은 바로 감성의 문제인 것이다.

다시 말해서, 이러한 측정방법은 브랜드 관계가 "탁월하다(greatness)"라고 할 수 있는 논리적 근거자료를 제시해야 한다. 분명하게도 "Yes, pretty much"라고 말하는 고객과 "Absolutely"라고 말하는 고객들간에는 중요한 차이가 있다는 것이다. 고객 프라이드라는 것은 오직 탁월함이 있는 곳에 존재하게 된다.

프라이드는 어디에 있는가?

"브랜드 애착" 구성요소에서 보듯이 구매자와 사용자, 소유자들이 느끼는 프라이드 측면에서의 경쟁력은 커다란 차이가 있다. 또한, 프라이드는 모든 제품과 서비스 카테고리에 존재할뿐만 아니라 우리가 조사한 모든 소비자 세분시장에서도 존재한다. 비누나 케첩을 구입하는 경우뿐만 아니라 소프트웨어나 레이저 프린터를 구입할 때에도 프라이드가 존재한다. 그렇지만 단순히 자동차를 소유한다거나 정장을 구매하는 경우에는 프라이드가 존재하지 않을 수 있다.

자동차 브랜드를 예로 들면, 자동차 소유주 10명 중 7명인 68% 정도가 그 브랜드를 통한 연상과 브랜드에 대한 경험에 대해 상당한 프라이드를 갖고 있는 것으로 조사되었다. 반면, 2만 5천 달러라는 거금을 들여 자동차를 구입했음에도 불구하고 고객의 브랜드 로열티를 자극하지 못하는 경쟁브랜드들도 있다. 다시 말하면 그 브랜드를 산 사람들 중 약 84%는 거금을 들여 자동차를 샀음에도 불구하고 그 브랜드에 대한 특별한 프라이드를 느끼지 못한다는 것이다. 이는 그 사람들이 다시 반복해서 동일한 브랜드를 구입하지 않을 가능성이 높은 열정적이지 않은 소비자일뿐만 아니라 나중에 자기가 산 자동차에 대해서 주변사람들에게 긍정적으로 이야기하지 않고 부정적으로 이야기할 가능성도 높아 문제가 심각하게 된다.

브랜드 마케터들은 구전을 주로 하는 브랜드 열광자들, 브랜드 지지자들, 고객 홍보대사들로 인해 비즈니스의 성패가 결정된다는 사실을 알고 있다. 따라서 단지 개인적인 측면에서 프라이드가 중요하다는 것이 아니라 그 소비자가 관계를 맺고 있는 많은 주변사람들에게 영향을 미친다는 측면에서 매우 중요한 것이다.

프라이드는 단지 수천 달러짜리 물건을 구입하는 것 이상으로 중요한 것이다. 어느 한 식료품 체인에 대해 조사한 적이 있는데, 그 식료품 체인고객 10명 중 4명인 41%가 그들이 이용하는 상점과의 관계가 매우 자랑스럽다고 응답했다. 반면에 얼마 멀지 않은 곳에 위치한 다른 식료품 체인은 겨우 19%의 소비자들만이 고객으로서 프라이드를 느끼고 있다고 응답하였다.

금융서비스 분야에 대해 조사한 내용을 보면, 약 28% 이상의 고객이 프라이드를 느끼는 은행이 있었고, 다른 은행에서는 겨우 12%의 고객이 은행에 대한 프라이드를 느끼는 것으로 조사되었다. 당신이라면 어느 은행과 결혼하고 싶은가? 당신이라면 어느 은행과 거래하고 싶겠는가?

프라이드를 갖기 위해서는 강력하고 유익한 브랜드 관계가 요구된다.

적을수록 프라이드를 느낀다

조사에 의하면 대부분의 브랜드가 자신들의 고객들에게 높은 수준의 프라이드를 갖게 하지는 못하는 것으로 나타났다. 그 이유는 대부분의 브랜드가 고객들이 특별하다고 느낄 수 있는 독특한 브랜드 경험을 창출하거나 정의하지 못하고 있기 때문이다.

머린즈(Marines)는 아이맥(iMac)의 사용자로서, 그룹사운드 피쉬(Phish)의 팬으로서, 이베이의 골수 이용자로서 높은 수준의 프라이드를 느끼고 있다. 이렇게 프라이드를 갖게 된 것은 바로 자신들이 아주 소수이기는 하지만 맨 처음으로 관심을 갖게 된 초기그룹이면서도 독특한 사람들이라고 생각하고 있기 때문이다. 브랜드 자체의 특성과 브랜드 경험의 차별적인 성질의 결과로서 그 고객들은 브랜드와 교류를 할뿐만 아니라 다른 사용자들과도 인연을 맺게 되는 것이다.

브랜드가 추가적인 판매나 수익증대를 위해 유통을 확대할 때 그 브랜드는 딜레마에 빠질 수 있다. 모든 사람들을 위한 브랜드가 아닌 특별한 사람들만을 위한 브랜드의 유통을 확대하여 좀 더 많은 소비자를 얻으려고 노력할 때 과연 어떤 일이 일어날까?

쿠어스(Coors) 맥주는 지역 맥주 브랜드로서 콜로라도와 록키

산맥 부근에서만 판매한다는 이미지로 인한 로열티가 강하여 브랜드 프라이드를 얻을 수 있었다. 그러나 쿠어스가 판매지역을 확대하면서 일부 한정된 지역에서만 구입하는 것을 좋아했던 기존의 소비자들을 잃게 되었다.

인앤아웃(In-N-Out) 버거나 크리스피 크림(Kripsy Kreme) 도넛의 경우도 판매망을 확대하려고 노력하고 있는데 과연 향후에 이들 브랜드는 어떻게 될 것인가? 이 브랜드들이 판매망을 확대하여 소비자가 멀리까지 가지 않고도 주변에서 손쉽게 이 브랜드들을 접할 수 있는 경우에도 소비자들은 이 브랜드들에 대해 이전과 같은 동일한 느낌을 가질 수 있을까? 인앤아웃 버거는 판매망을 조심스럽게 조금씩 확대해 나갔는데, 한 가지 원칙은 새롭게 구축된 판매망을 포함해서 모든 매장에서 소비자가 완벽하게 동일한 경험을 할 수 있도록 노력했다는 것이다. 반면에 크리스피 크림도 판매망을 빠르게 확대해 나갔는데 국내뿐만 아니라 해외시장으로도 진출하였고 자신이 구축한 영업망을 통해서 뿐만 아니라 일반 편의점이나 식료품점에서도 제품을 판매하기 시작했다. 잠시 동안 크리스피 크림이 직면하고 있는 관리와 회계 문제를 차치하더라도 그저 그런 또 하나의 도넛이라는 느낌을 주지 않기 위해 그 브랜드의 존재감이 어느 정도까지 확대될 수 있는지에 대한 현실적인 질문이 남게 된다. 제품유통을 확대한다고 해서 크리스피 크림의 브랜드 경험이 그대로 증가하는 것은 아닌데도 말이다.

브랜드 멤버십의 확대는 브랜드의 차별성을 약화시킬 수 있으며, 고객들이 느끼는 특별한 프라이드에 대한 가치를 떨어뜨릴 수도 있다. 일련의 고객그룹이 더 이상 공통적으로 특이하고 매우 독특한 어떤 것을 갖기 전에 어느정도까지 브랜드 멤버십을 확대할 수 있을까?

브랜드의 독특성이 줄어든다는 것이 잠재적 측면에서 수익성이 줄어든다고 만은 볼 수 없다. 소비자들은 이러한 거대 브랜드들과 접하게 될 때 프라이드를 느끼게 된다. 일부 브랜드의 프라이드 수준은 브랜드의 유통 범위를 매우 작게 제한하면서 애착이 있는 일부 소비자들로부터 얻어질 수 있다. 반면 다른 브랜드들은 유통 범위를 넓게 하면서도 소비자들에게 브랜드 관계에서 프라이드를 느끼게 할 수도 있다.

스타벅스의 경우는 유통범위를 넓히고 7천개 이상으로 매장수를 늘려나갔지만 상당한 고객 프라이드를 유지해 온 것으로 보인다. 그렇다면 과연 스타벅스가 제품의 영역을 폴저(Folger)나 맥스웰 하우스(Maxwell House)처럼 비행기, 호텔룸, 하물며 식료품점의 선반에까지 계속해서 확대해 나갔을 경우라고 한다면 그러한 프라이드를 계속 유지할 수 있을까?

존·경·하·라 (R.E.S.P.E.C.T)

브랜드에 대한 프라이드는 일부 고객만 사용하고 있다고 해서 그리고 고객들이 매우 차별적이기 때문에 생기는 것은 아니라는 것이다. 프라이드의 중요한 내용중 하나는 소비자가 가치있게 대접받고 제대로 평가받으며 개인적으로 존경받고 있다는 느낌 그 자체이다.

프라이드라는 것은 고객에 의해서 느껴지는 자존심을 반영한 것뿐만 아니라 기업이 고객들에 대해서 느끼고 표현하는 자존심을 반영한 것이다. 프라이드는 항상 일방적인 것이 아니라 상호관계성을 갖고 있다는 것이다.

미국 동부에 있는 메이저 소매 체인점의 단골고객이었던 대럴(Daryl)의 이야기를 들어보자. 그 기업의 관리팀에 보내는 짤막한 편지의 원고에서 이 이야기가 얼마나 들을만한 가치가 있는 것인지 알 수 있다.

"당신의 판매직원들에게 마치 대본을 읽는 것처럼 말하지 않도록 해주세요. 그 곳에서 일하면서 당신을 도와야 할 많은 판매직원들은 당신이 누구인지도 관심이 없습니다. 만약 그 판매직원들이 정말로 아무것에도 관심이 없다고 하더라도, 적어도 당신이 고객인 나의 요구사항에 대해 관심을 보이고 있고, 내가 원하는 것을 얻을 수 있도록 노력한다는 것을 알게는 해주세요."

기업은 고객들의 비즈니스와 자신들의 내부정책, 프로세스, 제품군 그리고 관련 인력들을 활용한 지원이 상호간에 진가를 발휘하도록 하고 있다. 모든 고객과의 접점에서 그러하며 고객과 하는 모든 커뮤니케이션을 통해서도 그러하다. 고객에 대한 존경심은 수만 가지의 방법으로 얻을 수 있다. 유명 광고회사의 창립자인 데이비드 오길비(David Ogilvy)는 과거 자신의 크리에이티브 팀에게 아래와 같은 내용을 강의한 적이 있다.

"고객은 얼간이가 아니다. 고객은 당신의 마누라와 같다."

프라이드는 고객들에게 기본적으로 제공하는 그런 관심이나 주의만으로는 부족하다. 프라이드를 갖기 위해서는 그 이상이 필요하다. 또한 프라이드는 기업의 단순한 립서비스나 중역실 벽에 걸려 있지만 매장에서는 찾을 수 없는 매우 진부한 "고객 중심" 헌장 이상을 필요로 한다. 프라이드는 기업이 모든 개인 소비자를 가치있게 여기고 있고 모든 고객관계를 가치있게 생각하고 있다는 것을 진실되게 보여줄 수 있어야 한다.

Chapter 11

감성 법칙 : 브랜드 열정

신뢰성, 성실성, 프라이드를 잘 구축하게 되면 어떤 CEO라도 자랑할 만한 브랜드 체계를 구축하는 일은 그리 어렵지 않을 것이다. 하지만 모든 빌딩에서 볼 수 있듯이 일시적인 것과 영구적인 것을 구별해 내고, 기능이 강조된 곳과 꿈같이 소중한 곳 간의 차이를 나타내어 주는 무언가가 존재한다는 사실이다. 고객 관계에 있어서 "좋아하는 것(Like)"과 "사랑하는 것(Love)" 간의 차이점이 바로 브랜드 열정(Brand Passion)이다.

한 브랜드에 대해 열정적인 소비자들은 그 브랜드가 자신에게 아주 완벽하다고 확신한다. 게다가 소비자들이 그 브랜드를 더 이상 이용할 수 없게 된다면, 그 소비자들은 이 세상이 다소 불완전하다고 믿게 된다는 것이다.

대체할 수 없는 제품도 있다. 이것은 해열제나 항생제 그리고 기사회생의 묘약과 같이 반드시 필요한 것이다. 거기에는 소비자들이 매일매일 살아가는데 반드시 필요하면서 경쟁자가 없는 틈새제품이나 서비스도 포함된다. TV, 핸드폰, 전자레인지, 이메일 등과 같이 살면서 없으면 안되는 제품이 여기에 해당된다. 어쨌든 브랜드 역시 열정을 불러 일으킨다.

"우리는 밀가루 없이는 살 수 없습니다. 나는 매일 밀가루를 먹습니다. 그것은 매일매일 내가 살아가는데 있어 내 삶의 일부분이고, 만약 밀가루가 없다면 나의 하루는 뭔가 부족함을 느낄 것입니다."

"그 브랜드가 없다면 아마도 나는 내 소중한 친구를 잃은 것과 같은 느낌일 것입니다."

"나에게 있어서 친구는 바로 캐쥬얼코너(Casual Corner : 의류 브랜드)이지요. 내가 그곳에 가면 종업원들은 내가 누구인지를 바로 알아 차립니다. 나는 그곳에 가면 편안함을 느끼고, 종업원들이 전화를 걸면 나는 언제나 기쁜 마음으로 전화를 받습니다."

"싱가포르 항공은 매우 훌륭한 고객 서비스를 제공합니다. 언젠가 내가 아팠을 때 나를 극진하게 간호해 주었는데, 나는 정말 간호받는다는 느낌을 받았습니다."

심지어 B2B 비즈니스에서도 고객들은 브랜드에 대한 열정을 보인다.

"솔직히 말해서 그 브랜드가 없으면 나는 무엇을 할 수 있을지 정말 잘 모르겠습니다. 그 브랜드는 항상 우리의 곁에 있어 왔죠. 그 동안 위급상황이 엄청 많았음에도 우리 곁을 지켰죠. 그 브랜드는 또 우리에게 항상 참신한 아이디어도 제공하죠. 그 브랜드는 우리가 어떻게 하면 성공할 수 있을지에 대해서도 관심이 많은 것 같아요."

열정은 브랜드 애착 피라미드 상에서 맨 위에 존재한다. 열정은 소비자가 어떤 브랜드에 대해 느끼는 최고의 감성적 몰입을 의미한다.

브랜드 열정이 널리 퍼져 있지는 않지만 예상외의 장소에서 열정을 발견하기도 한다. 우리는 최고급 자동차나 리조트 호텔에서뿐만 아니라 일반적인 모기지 상품, 주유소, 패키지로 포장된 치즈 등에서도 브랜드 열정을 발견할 수도 있다.

브랜드 열정이 있는 곳이라면 당연히 경쟁력이 떨어지는 경쟁 브랜드 또한 존재하기 마련이다. 이러한 경쟁 브랜드는 결국 소비자들과의 감성적 연결고리가 약하기 때문에 결과적으로 힘을 발휘하지 못한다. 경쟁 브랜드는 소비자들과 견고한 관계를 형성하고 있지 않기 때문에 나중에 비즈니스 결과가 좋지 않을 수도 있다.

난 소중하니까! (Call me irreplaceable)

브랜드 열정이라는 것은 인지와 감시가 가능하며, 관리가 수월하다. 브랜드 열정을 평가하기 위한 측정기준은 브랜드 애착의 또 다른 세가지 구성요소들과 마찬가지로 두 개의 비율척도로 구성되어 있다.

✓ [○○브랜드]는 나와 같은 사람들에게는 완벽한 기업/제품/브랜드/판매점이다.
([○○Brand] is the perfect [company/product/brand/store] for people like me.)

✓ 나는 [○○브랜드]가 없는 세상을 상상할 수도 없다.
(I can't imagine a world without [○○Brand].)

시간이 지나면서 소비자들은 자신들이 사용하는 브랜드를 위의 두 가지 문항으로 평가할 수 있게 된다. 이처럼 소비자들은 결코 많은 브랜드에 대해 모두 열정적일 수는 없다. 고객들과의 브랜드 결혼이라는 것이 단순히 편리성이나 습관성에 의해서가 아니라 브랜드 열정과 같은 깊은 신념에 의해서 나타나는 것이라는 점에서 보면 고객들은 분명하고 일관성있게 지표들을 평가한다는 것이다.

여러가지 연구에서도 알 수 있듯이 경쟁 브랜드들간에는 많은 차이점이 있다.

- 인도의 연구에 의하면 포장된 음식을 구매한 사람들 중 약 31%만이 그 브랜드에 대해 열정을 가지고 있다고 한다. 반면, 경쟁 브랜드는 약 22%가 열정을 갖고 있었다.
- 미국의 식료품점 연구에 따르면 한 식료품점 체인은 고객들중 약 16% 정도가 브랜드 열정이 있었던 반면, 경쟁업체는 고객들중 약 45%가 그 브랜드에 대해 열정을 가지고 있었다.
- 미국의 한 선두 보험회사는 현재 고객들 5명중 한명 정도인 약 22%의 고객들에게 브랜드 열정을 얻어낸 반면, 약 31%에서 53%에 이르는 브랜드 열정을 얻어낸 다른 보험회사들과 경쟁을 하고 있다.

보험산업에서는 브랜드 열정이 그리 중요하게 생각되지는 않는다. 왜냐하면 많은 금융서비스 상품이 일상용품처럼 빈번히 시장에서 거래되고 있기 때문이다. 하지만, 금융서비스 기업이 자신들의 금융상품을 마치 일상용품처럼 거래를 한다고 해서 소비자들이 두 제품을 동일하게 생각한다는 것은 아니다.

소비자들은 자신들에게 완벽하다고 생각되는 브랜드에 대해서 열정을 보인다. 완벽하다고 생각되는 브랜드는 소비자 입장에서 보면 그 브랜드 없이는 살 수 없는 그러한 브랜드를 의미한다. 두 번째 비율척도는 소비자들이 어떻게 이러한 관계에 대해 느끼고 있는지를 설명해 주고 있다. "나는 그 브랜드 없이는 살 수 없어요" 이 말은 매우 극단적인 것처럼 들리지만 사실이다. 우리는 진정으로 훌륭한 브랜드 결혼을 찾고 있기 때문에 그것은 우리가 지향해야 하는 것이다. 이 측정방법은 세계 최고의 브랜드와 단순히 좋아하는 브랜드를 구분할 수 있게 해주며, 열정적인 브랜드와 열정이 없는 브랜드를 구분할 수 있게 해 준다.

우리는 거의 모든 제품 카테고리에서 열정을 발견한다. 부유한 소비자와 가난한 소비자, 고령의 소비자와 젊은 소비자, 남자와 여자간에서 모두 브랜드 열정을 발견해 낸다. 개인 소비자들이 열정을 표현하는 것과 똑같이 기업고객 역시 열정을 표현한다.

우리는 독일, 일본, 미국에서와 마찬가지로 태국과 브라질에서도 열정을 발견할 수 있다. 다시 말해서 열정은 보이지도 않고 어느 누구도 지금까지 본적이 없을 지라도 엄연하게 존재한다는 사실이다.

열정의 불 지피기

소비자가 어떻게 브랜드 열정에 도달하는가를 연구한 결과 3가지 명백한 결론을 도출하였다.

- 첫째, 열정을 만드는 특별한 요소는 제품 카테고리와 브랜드에 따라 다양하다는 것이다. BMW 소유자가 BMW에 대해 매우 열정적으로 변하는 요소는 렉서스나 재규어, 볼보 소유자가 각자 자신이 소유하고 있는 차에 대해서 열정적으로 변하는 요소와 같지 않다.

- 둘째, 열정이라는 것은 단순하게 자동차의 스타일이나 핸들링과 같이 결코 한 두가지에 의한 것이 아니라는 것이다. 적어도 열정에 대해서 이야기할 때는 그렇다.

- 셋째, 모든 사례에서 보면 알 수 있듯이 가장 중요한 것은 고객들이 중요하게 생각하는 핵심요소가 모두 다르다는 것이다. 즉 개별 소비자들이 브랜드와 갖는 경험은 매우 특별하고 다른 사람이 경험한 것과는 다르다고 이야기를 한다. 그런데 그 이야기들을 종합해 보면 고객들마다 서로 다른 것을 이야기한다는 것이다.

최근 항공기 이용객의 연구에 따르면 스케줄의 편리성, 기억할 만한 광고, 항공기의 경쟁력, 비행기의 년 수나 상태로부터 열정을 만들어 내지는 못한다는 것을 밝혀냈다. 이러한 것들이 관련된 요소이기는 하나 그것이 브랜드 열정을 창출해 내는 요소는 아니라는 것이다.

항공사 고객을 놓고 보면, 브랜드 열정이라는 것은 처음에 항공기 내에서 서비스를 제공해 주는 훌륭한 사람들과 지상에서 서비스를 제공해 주는 사람들, 그리고 마지막으로는 믿을만한 이착륙으로부터 기인한다고 볼 수 있다. 이것은 매우 흥미로운 결과이다. 왜냐하면 미국내에서는 사우스웨스트 항공사가 맨 처음으로 이러한 성과를 이루어 냈고, 현재는 제트블루와 같은 타 항공사에서도 실행하고 있는 내용이기 때문이다. 약간 놀라운 것은 위의 신생 항공사들이 거대 항공사에 비해 훨씬 월등한 성과를 보여 주었다는 것인데, 거대 항공사가 고객들에게 따뜻하면서도 환영을 받는 브랜드 경험을 할 수 있도록 하는데 어려움을 겪었던 것에 반해 사우스웨스트와 같은 작은 항공사에서 좋은 브랜드 경험을 창출해 냈다는 것이다. 좀 더 놀라운 것은 거대 항공사는 요금할인이나 항공편 증편을 통해서 자신들의 고객을 다시 돌아오게 만들기 위해 노력했었다는 것이다.

브랜드 홍보대사로서의 역할을 할 수 있는 사람이 없을 때 기업들은 브랜드 열정을 만들어 내기 위해 다른 요소들을 이용해야만 한다. 우리는 케첩, 커피, 비누, 세안크림과 같은 제품에 있어서도 이러한 사실의 증거들을 찾아냈다. 열정은 소비자가 브랜드 사용 경험으로부터 얻게 되는 것이 차별적이라는 것으로부터 비롯된다. 이러한 브랜드의 위대함이라는 것은 라틴 아메리카의 살사댄스에 관한 연구, 미국의 음료에 대한 연구를 통해서 밝혀냈던 정말 독특한 풍미 : 아시아의 목욕용품에 대한 연구에서 발견한 정말 깨끗한 느낌 : 인도의 식품에서 알아낸 독특하고 만족스러운 경험 등을 포함하고 있다. 어느 국가에서든지 고객의 브랜드 열정을 이끌어내기 위해서는 브랜드 경험이 유일무이할 정도로 차별적이어야 한다.

케첩이나 커피같은 제품에서는 차별적인 브랜드 경험을 형성하고 뒷받침해 주는 데 있어 아주 잘 만든 광고와 독특한 포장이 매우 중요한 역할을 한다. 다시 말하자면 열정을 구축하기 위해서 "충분히 좋음(good enough)" 정도가 아니라 바로 "탁월함(greatness)" 정도의 브랜드 경험이 기본적으로 필요한 것이다. 따라서 마케터들은 고객이 제품을 구매하고 사용하여 결국에는 브랜드 결혼까지 이르기 위해서 차별적인 느낌을 만들어내고, 상호간에 의사소통을 하게끔 하기도 하고, 또한 지속적으로 이러한 느낌을 강화해 나가야만 하는 것이다.

그러나 이러한 전체 브랜드 경험은 기업의 시각에서가 아니라 소비자의 시각에서 창출된다는 것을 알아야 한다. 스타벅스의 브랜드 경험은 커피인가 아니면 커피 이상의 다른 무엇이 있겠는가? 스타벅스의 브랜드 경험이 덴버뿐만 아니라 시카고에서도 동일하게 일어날 수 있을까? 아니면 여러 지역에서 동시에 진행되어 소비자에게 제공될 수 있는 것은 단순히 커피 뿐이란 말인가?

차별화된 브랜드 경험을 신호로 알려주는 그러한 요소들은 종종 난해하다. 그렇지만 이 요소들은 브랜드를 구별해주는 종합적인 브랜드 경험의 한 단면이기 때문에 고객들에게는 결정적인 단서가 되기도 한다. 루이스 카본(Lewis Carbone)은 그의 저서 '고객이 다시 찾아오는 방법 〈Clued In〉' 에서 감성을 일으키는 단서가 무엇인지 밝혀낼 필요가 있다고 강조하고 있다. 그리고 마틴 린드스톰(Martin Lindstorm)은 최근 그의 저서 '브랜드

센스 〈Brand Sense〉' 에서 강력한 브랜드와 쇠약한 브랜드를 구분하는 감성적인 연관성을 구축하는데 오감이 어떤 중요한 역할을 하는 지를 말하고 있다.

기업은 고객들의 브랜드 경험을 일으키는 잠재적 요소가 무엇인지 알아내기 위해 수많은 정성적 방법론을 사용한다. 그러나 중요한 것은 브랜드라는 것이 과연 어떤 감성을 정확하게 일으키느냐 하는 것이다. 여기에 그 해답이 있다. 그것은 바로 신뢰성, 성실성, 프라이드, 열정이다. 이 4가지 감성을 전달하는 단서 및 감각의 신호에 집중해 보자. 왜냐하면 이 4가지 감성은 브랜드 결혼을 위한 필수적인 요소들이기 때문이다.

열정을 만드는 것은 단순하게 기업의 광고 대행사에서만 할 수 있는 것이 아니라 제품 개발자, 매장, 패키지 디자이너, 제품개발 매니저, 프로세스 엔지니어 등 브랜드 경험을 정교화하고 실행하는 모든 사람들이 해야 하는 일인 것이다.

광고를 아무리 많이 했다 하더라도 고객들로부터 특정 브랜드를 구매해서 사용한 경험이 좋았다라는 말을 들을 수는 없다. 브랜드 약속은 실행이 수반되어야 한다. 고객들은 브랜드의 독특함을 경험해야 하며, 그 차이를 느껴야만 한다.

이해하기는 어렵겠지만 브랜드 열정의 기반을 튼튼하게 해주는 중요한 신호들을 밝혀낸다는 것은 결코 단순한 작업이 아니다. 지속적으로 차별적임을 말하는 것이 결코 제품에 대한 독특한 경험을 창출해내는 것도 아니다. 브랜드 열정을 만들어 내는 것은 말은 쉽지만 실행하기는 어렵다는 것이다. 그러나 브랜드 경험 없이는 열정을 만들어 낼 수도 없다. 즉, 열정이라는 것은 브랜드 경험을 통해서만 창출되는 것이고, 열정이 없는 결혼은 결국 표류하게 되고 때로는 아주 빠르게 이혼에 이르게 될 것이다.

Chapter 12 브랜드 결혼과 충성도

감성이라는 것은 정량화할 수 없는 신비주의적이거나 안개와 같이 불분명한 것도 아니다. 브랜드 관계의 측면에서 보면, 사람과 브랜드를 연결시켜 주는 감성적인 교류라는 것은 정의를 내릴 수 있는 구조로 이루어져 있다. 이러한 감성의 구조는 바로 신뢰성과 성실성이라는 튼튼한 기초 위에 프라이드와 열정이라는 상부구조로 이루어져 있다.

이 4가지는 감성적인 브랜드 유대관계를 형성하게 하는 구성요소이며, 이를 측정하기 위해 개발한 항목은 브랜드 결혼의 건전성을 평가하기 위하여 기업이 사용할 수 있는 필수적인 툴인 것이다.

기업들은 감성적 유대관계의 진정한 가치가 어느 정도나 되는지 알고 싶어한다. 우리가 마케팅하는 제품이나 서비스에 열정적 감성을 느끼는 고객이 많다는 것은 확실히 좋은 일이다. 그러나 많은 고객이 있지만 재정적으로 큰 도움이 되지 않는다면 그 고객들은 과연 중요한 것일까? 그렇다면 무엇이던 간에 감성적인 관계는 얼마만큼의 프리미엄을 가질만한 가치가 있는 것일까? 대답은 간단하다. 감성적인 관계는 대단한 가치를 가진다는 것이다.

브랜드 관리를 위한 브랜드 평가

기업들은 자신들이 보유하고 있는 브랜드 관계에 대한 진정한 가치를 확립할 필요가 있기 때문에 우리는 사전에 심층인터뷰, 투사법, 포커스그룹을 통해서 얻어낸 정확하고 신뢰할만한 정량적 지표와 함께 기업들에게 제공할 수 있는 고객의 능력을 측정하는 고객 충성도 측정법을 개발하고 테스트 했다. 그 결과로 도출된 기준은 고객과 브랜드를 감성적으로 연결시켜 주는 매우 중요한 요소를 측정할 수 있게 해 주었다.

이렇게 도출된 고객의 브랜드 충성도 측정기준은 아래와 같은 것을 새롭게 필요로 하게 된다.

1. *브랜드 관리능력을 향상시키기 위해 하나의 툴을 제공하라.*

   우리는 기업의 모든 관리자 레벨과 모든 고객과의 접점에서 해야 할 기업들의 행동에 대한 우선순위를 정하고 안내하기 위한 유용한 측정방법을 개발하고 싶었다.

   '실행 가능한 것(Actionable)' 과 '단순한 것(Simple)' 간에는 분명하게 차이가 있다. '실행 가능한 것' 이 의미하는 바는 필요한 행동들이 쉽게 이행될 수 있다는 것을 말하는 것은 아니다. 또한 그것을 위해 필요한 행동은 즉각적으로 시작될 수도 없고 기업의 상위 마케팅리더가 관여하여 시작될 수 있는 것도 아니다.

   브랜드 결혼은 아무것도 하지 않고 자연적으로 만들어지는 것이 아니며, 중역들이 회의만 한다고 해서 만들어지는 것도 아니다. 강력한 브랜드는 5P 모두에서 좋은 성과가 있어야만 만들어 질 수 있는 것이다. 모든 의미있는 고객접점에서 좋은 성과가 일관성있게 나타나야만 한다는 것이다. 그리고 브랜드 결혼은 모든 고객접점에서 만들어지기도 하지만 모든 고객 접점에서 파괴되기도 한다.

2. *명확하고 중요한 비즈니스 결과와 직접적으로 관련있는 측정치를 제공하라.*

브랜드의 실제가치는 브랜드 관계의 건전성과 고객들의 행동에 의해서 만들어지기도 하고 사라지기도 한다. 우리는 브랜드 관리자가 이러한 가치를 측정할 수 있도록 유효한 지표를 개발하기를 원했다. 우리는 중역들로부터 시작해서 매장 직원에 이르기까지 신뢰받을 수 있는 그런 의미있는 측정방법을 원하였다.

이러한 충성도 측정지표는 기업 관리자들의 책임하에 있는 사업 결과물에 실질적이면서 증명할 수 있도록 직접적으로 연결이 되어야 한다. 만약 그렇지 않았다면, 기업의 활용가능한 자원을 할당하고 이에 대한 철저한 관리를 위한 균형성과기록표(BSC : Balanced Score Cards)에 가치를 두지 않았을 것이다.

우리는 2000년에 인간의 감성, 브랜드 결혼, 그리고 우리가 "브랜드 충성도"라고 명명한 것들에 대한 연구를 시작했기 때문에 그것을 실행가능하며 의미있는 것으로 만드는 것 자체가 도전이었다.

브랜드 로열티를 넘어 : 브랜드 충성으로

일반적인 "브랜드 충성도"의 측정척도를 만들기 위해서 8개의 브랜드 애착도 측정항목과 3개의 태도에 관한 로열티 측정 항목을 결합하였다. 갤럽과 다른 조사기관들은 브랜드를 지속적으로 사용하거나 구입하게 하고, 이것을 다른 사람들에게 사용해 볼 것을 권유하는 고객들의 의도를 측정하는 지표로서 수 년 동안 이 3개 항목의 측정법을 사용해왔다. 태도에 관한 로열티 측정척도는 다음 3개 항목의 비율척도로 구성되어 있다.

- 전반적인 만족도
- 만약 필요하다면 반복 구매할 의향이 있는지의 여부
- 다른 사람들에게 추천할 의향이 있는지의 여부

이 3개 항목 측정법은 단일항목 로열티 측정법보다는 훨씬 더 정확한 측정을 가능하게 한다. 게다가 고객의 충성도가 신뢰할만 한가를 나타내어 준다. 어쨌든 이러한 로열티 항목들은 편리성, 습관성과 같은 요소들을 포함하는 고객관계 측면에서 보면 감성적이라기 보다는 이성적인 경향이 있다. 태도에 관한 로열티는 브랜드와 브랜드 구매자들간의 감성적인 연계성을 측정하는 중요한 지표는 아니다.

따라서 우리는 과거 전통적으로 3개 항목의 로열티 측정방법을 8가지 브랜드 애착도 측정방법과 조합함으로써, 브랜드 결혼의 강점과 건전성을 측정하는 CE라고 불리는 11개의 고객충성도 측정항목을 만들었다. 이 측정 항목을 통해 브랜드 관계를 완벽하게 평가할 수 있게 되었다.

또한 이러한 척도들은 고객들의 중요한 감성적 연계성과 고객의 이성적인 의도를 하나로 통합한 것으로 브랜드 관계를 완벽하게 평가를 할 수 있도록 해주었다. 이러한 척도는 기업에서 의사결정을 할 때 중요한 역할을 하게 되었다.

이러한 11개 항목에 대한 고객들의 반응을 바탕으로 아래의 그림에 표현된 "고객 충성도 그룹"과 같이 4가지 유형으로 나눌 수 있다.

고객 충성도 그룹

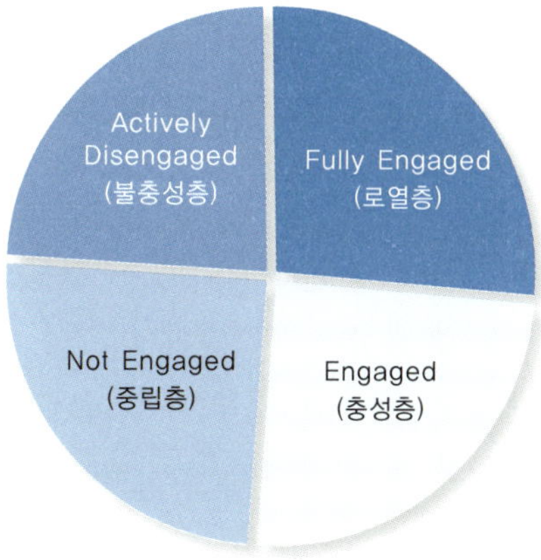

이러한 4개의 충성도 그룹들은 다양한 관련 비즈니스 결과물을 예측하기 위한 고객 충성도 측정법에 사용되었던 수 많은 비즈니스 영향력 분석들의 결과로 나뉘어지게 되었다. 이러한 결과물이라는 것은 비즈니스의 시장점유율, 반복구매, 사업수준, 사

업규모 및 수익성을 포함하고 있다. 이러한 분석결과를 토대로 우리는 고객의 브랜드 충성도를 4가지 차별적인 그룹으로 나누게 되었는데, 이것들은 아래와 같이 4개의 다른 형태의 고객 또는 고객관계로 표현될 수 있다.

- ***로열층 :*** 이 그룹에 속한 고객들은 브랜드에 대해 감성적으로 강한 애착을 보일뿐만 아니라 강력한 로열티를 보여주고 있다. 우리가 조사했던 모든 브랜드와 카테고리에서 여기에 속한 고객들이야말로 기업이 가지는 최상의 가치와 최고의 고객들로 이루어졌다는 것이다. 이 고객들은 다른 고객들보다 조금 더 많은 소비를 하며, 조금 더 자주 매장을 찾지만, 가격에는 거의 민감하게 반응하지 않는다. 뿐만 아니라 이들은 브랜드에 대한 열렬한 지지자로 아주 행복하게 그리고 열정적으로 브랜드와 결혼한 상태이다.

- ***충성층 :*** 이 고객들 또한 브랜드와 감성적인 연결고리를 갖고 있다. 하지만 로열층 고객들에 비해서는 브랜드에 대한 감성적인 연결고리가 강하지 않다. 가끔씩은 브랜드에 대해 다소 낮은 충성도를 보이기도 하고 해당 브랜드를 지속적으로 구매하지 않는 경향을 보이기도 한다. 이들은 불만족하지는 않지만 여러 가지 이유로 로열층 고객에 비해서 열정이나 몰입도가 다소 떨어진다.

- ***중립층 :*** 이 고객들은 브랜드에 대한 몰입도가 낮아 매우 중립적이며, 매우 낮은 감성적인 연결고리를 갖고 있다. 이들의 눈에는 자신들이 사용하는 브랜드는 단지 많은 브랜드

중의 하나일 뿐이다. 이들은 일반적인 브랜드 사용자나 쇼핑하는 사람들과 같이 브랜드를 사용하거나 쇼핑을 할 것이다. 이들은 브랜드와 감성적인 유대관계가 없다고 느끼기 때문에 브랜드를 습관적이거나 편의성 때문에 구매하여 사용하는 것일 뿐 그 이상도 그 이하도 아닌 것이다.

- *불충성층* : 여기에 속한 고객들은 브랜드와의 교감이 전혀 없다. 금융서비스나 핸드폰 서비스에서처럼 다른 브랜드로 전환하는 것 자체가 쉽지 않은 경우나, 항공사 서비스나 일부 유통 등 지역적인 것에 많이 의존하는 경우에서처럼 이 고객들이 선택할 수 있는 대안이 몇 가지 없을 경우 이들은 기분이 매우 나빠져서 때때로 큰 소리로 불평을 토로하기도 한다. 브랜드의 전환이 매우 용이한 경우, 고객들은 브랜드에 대해 절대적 충성심이 없기 때문에 단지 못마땅해 하고 흥미없어 하게 될 것이다. 브랜드에 대한 충성도가 전혀 없어 이혼법정으로 가는 사람처럼 브랜드와 쉽게 결별할 수 있는 고객들인 것이다.

위의 4가지 유형의 고객에 대한 설명에서 알 수 있듯이 고객들은 브랜드에 대해서 매우 다르게 느끼고 있음이 밝혀졌다. 이들은 브랜드에 대해 서로 다른 방식으로 이야기하게 되는데, 중요한 것은 이 4가지 유형의 고객들은 감성이나 태도뿐만 아니라 행동에서도 매우 다르다는 것이다.

충성의 소리

로열층 고객의 경우 자신이 열정을 갖고 있는 브랜드와의 개인적 관계는 다른 브랜드와는 다른 태도를 보인다. 이러한 특별한 브랜드들은 더 이상 "동질성의 바다(sea of sameness)"에 존재하지 않는다. 이러한 브랜드들은 고객이 원하면 언제라도 바꿀 수 있는 영역에서 브랜드가 자신의 삶의 일부가 되어 버리는 새로운 영역으로 이동하게 될 것이다. 그 이유는 그 브랜드에는 특별한 무엇인가가 존재한다고 확신하기 때문이며, 그 브랜드를 구입해서 사용하는 것이 다른 사람들과 자신을 확실하게 구별해 준다고 느끼기 때문이다.

"나는 미닛 메이드 오렌지 주스와 함께 하루를 시작합니다."

"우리 부부에게는 홈 디팟이 필요하죠. 제발 우리에게서 그걸 뺏어가지 말아 주세요."

"나는 CNN이 없는 세상에서는 단 하루도 살 수 없을 것 같습니다."

이런 이야기는 포커스 그룹 인터뷰나 대규모 조사를 해보면 알 수 있고 또한 저널리스트들이 쓴 책에서도 찾아볼 수 있다. 아래의 이야기는 USA Today 회장인 데이빗 카일리(David Kiley)가 쓴 〈Driven〉이라는 책에서 BMW에 대해서 언급한 내용이다.

"내가 BMW를 운전하는 순간, 나는 하늘로 날아가는 기분이 듭니다. 이 차는 디자인, 성능, 밸런스 모든 면에서 훌륭하지요. 경쟁 브랜드가 좀 더 강력한 파워를 자랑하더라도 대부분의 차 애호가들은 별로 신경을 쓰지 않지요."

자신들이 사용하는 브랜드에 정말 관심이 많은 고객들이 하는 이런 이야기들은 그들이 다른 브랜드에 대해 말하는 것과는 정말 많이 다르다. 그 사람들은 다른 브랜드와 접촉하거나 다른 브랜드를 사용할 수는 있지만 진정한 의미의 감성적 혈족관계를 맺지는 못할 것이라는 것이다. 어쨌든 그들이 하는 이야기는 정량적인 측면에서도 다를 뿐 아니라 정성적인 측면에서도 다르다.

이러한 4개의 충성도 그룹의 규모는 상당히 다양할 수 있다는 것이다. 한 조사결과에 따르면, 어떤 브랜드들은 현재 고객 중 약 50% 이상이 매우 높은 충성도를 보이는 것으로 나타났으나, 다른 어떤 브랜드는 단지 50명 중 1명만이 강한 충성도를 보이고 있어 행복한 결혼을 위해서는 많이 부족한 것으로 나타났다.

고객 충성의 세계

매우 높은 충성도를 보이는 고객들을(확실하게 이들이 기준은 아니다) 찾는 것은 생각하는 것만큼 어려운 일은 아니다. 현재까지는 많이 찾아내지는 못했지만 거의 모든 브랜드에서 이렇게 충성스러운 고객들은 쉽게 찾아볼 수 있다. 이들이 잘 알려지지 않은 이유는 그들이 자신들을 알리려고 하지 않았으며 대부분의 고객 데이터베이스와 만족도 조사로는 일반적인 고객과 열정적인 고객을 구분할 수 없기 때문이다. 데이터베이스를 통해서는 고객들의 구매행태는 자료로 볼 수 있지만 감성과 관련된 자료는 볼 수 없기 때문이다.

강력한 브랜드 결혼이라는 것은 매우 기초적인 단계에서도 감성적인 측면이 있으며, 결혼의 강도라는 것은 단지 두 사람이 현재 같이 살고 있는 가에 의해서만 판단할 수는 없다. 즉, 결혼의 강도를 알기 위해서는 다른 무엇인가가 필요하다.

여러 조사결과에 의하면, 한 기업의 고객 중 약 20%정도만이 브랜드에 대한 로열층으로 나타났다. 그렇지만 이것은 어디까지나 평균적인 수치일 뿐이다. 일반적으로 이러한 평균은 다양성을 반영하지 못한다. - 특히 카테고리간의 차이점(자동차와 핸드폰), 브랜드 간의 차이점(혼다와 다찌), 정말 놀랍게도 동일한 브랜드를 판매하는 매장, 콜센터, 판매그룹들 그리고 딜러들 사이에서도 이러한 차이들이 있다는 것이다.

동일한 브랜드내에서도 매우 큰 차이점을 보인다는 것은 정말 놀랄만한 일이다. 동일한 브랜드라 할지라도 동일한 제품을 동일한 가격에 동일하게 진열을 해 놓은 매장 내에서도 다양한 차이가 있다는 것이다. 한 은행의 몇몇 지점의 고객을 대상으로 한 연구결과를 보면 약 38% 이상의 고객들이 매우 높은 충성도를 보이고 있었지만, 동일한 시스템내에서 다른 몇 몇의 지점들은 동일한 브랜드로 동일한 서비스를 판매하고 있는데도 충성도가 매우 높은 고객은 찾아볼 수가 없었다. 이러한 연구결과를 놓고 보면 과연 이 은행지점들을 하나의 은행이라고 볼 수 있을까? 아니면 서로 다른 은행이라고 보아야 하는가?

주요 유통체인점을 대상으로 한 연구에서는 전반적인 고객 충성도 수준이 매우 높았으나, 개별 매장별로는 그 수준에 차이가 있음이 밝혀졌다. 어떤 매장은 고객중 약 75%가 높은 브랜드 충성도와 강력한 결혼관계를 보여주었지만 다른 매장에서는 단지 33% 정도의 고객만이 높은 브랜드 충성도를 보인 것으로 나타났다. 브랜드 충성도 점수 자체는 매우 높았지만 브랜드 구축성과에 있어서 여전히 엄청난 차이가 있었다. 다시 한 번 더 생각해보자. 이것은 하나의 매장인가? 아니면 여러개의 매장인가?

우리는 고객과 접촉하는 다양한 장소에서 이러한 유사한 패턴이 있다는 것을 밝혀냈다. 즉 지점들과 매장들에서 - 그리고 패스트푸드점들에서, 유통센터들에서, 자동차딜러점들에서 - 모든 기업의 구성단위에서 동일 수준의 고객 충성도를 갖지 못한다는 것이다. 오히려 브랜드 결혼 성사 결과의 정도가 매우 다르게 나타났다. 몇몇은 브랜드구축 측면에서는 훌륭하지만 나머지는 그렇지 못하다는 것이다. 그렇지만 이들 기업은 동일한 시스템들을 가지고 있어서 결국에는 동일한 브랜드 약속을 잘 지켜내게 될 것이다.

Married to the Brand

Chapter

13 건전한 브랜드 결혼의 가치

최근 몇년동안 우리는 고객 충성도를 측정하는 방안에 대한 연구를 해왔으며, 고객 충성도의 영향력과 고객 충성도가 없을 경우의 비용문제 등도 조사를 하였다.

연구결과를 구체적으로 보면, 고객 충성도 측정지표가 중요한 비즈니스 결과로 연결되는 여러 경우가 있다는 것이 밝혀졌다. 일부 연구들에서는 비즈니스 결과물 도출을 위해 기업이 보유하고 있는 고객 데이터베이스를 사용하였는데, 이러한 데이터들은 고객들이 주관적으로 만들어 제공한 자료가 아니라 고객들을 샘플조사해서 뽑아낸 귀중한 데이터베이스이기 때문에 매우 유용한 자료이다. 따라서 이렇게 얻어진 비즈니스 결과물은 고객들의 행동을 과장되게 이야기하는 것을 좋아하는 사람들도 어쩔 수 없이 인정해야만 하는 것이다.

우리는 두가지 다른 방법의 연구를 통해 이러한 비즈니스 결과물의 의문점에 대해 연구해왔다. 첫 번째는 개인 소비자 레벨에서 건전한 결혼과 그렇지 않은 결혼을 비교하기 위해 충성도가 높은 고객과 낮은 고객의 소비행태를 직접적으로 비교했다.

두 번째 연구분석은 매장과 지점, 딜러상이나 사업단위 수준에서 고객 충성도에 대한 차이점을 측정하기 위해 집단수준의 비즈니스 성과를 조사하였다. 사업단위수준 분석을 통해서 브랜드 충성도가 높은 매장과 낮은 매장의 비즈니스 성과를 비교할 수 있었고 시간이 지남에 따라 브랜드 충성도 구축성과의 변화에 따른 효과에 대해서도 살펴보았다.

"뜬 구름 잡지 말고 현실적인 대안을 제시하라(SHOW ME THE MONEY) (Part I)"

우리는 미국의 유명은행에 대한 연구를 통해 개인 고객수준에서 브랜드 충성도의 영향력에 대한 조사를 할 수 있었다. 은행과 거래를 하는 고객의 전반적인 브랜드 충성도 수준을 조사했는데 약 11%의 고객은 로열층인 반면, 무려 약 28%의 은행고객들은 불충성층에 속하는 것으로 나타났다. 이는 누구나 원하는 그런 것은 아닐 것이다. 이러한 고객충성도 수준은 기업간 합병과 같은 몇몇 불안정한 고객 불안요소의 결과로 나타난 것이다. 그럼에도 불구하고 로열층의 고객들은 여전히 중요한 핵심고객이라는 점이다.

로열층 고객들은 중립층 또는 불충성층 고객들보다 26.2%나 많이 은행예금을 예치하고 있다는 것이 분석을 통해서 밝혀졌으며, 은행계좌도 약 10%정도 더 많이 보유하고 있는 것으로 조사되었다. 말 그대로 이 고객들은 은행에 입장에서 보면 바로 "돈줄" 그 자체다. 감성적 유대감에 대한 견고한 측정방법이 없었을 때는 은행 경영층이 이러한 로열층 고객들을 대부분 분간해 내지 못했었다. 그렇지만 기업이 이런 고객들을 인지하고 있든 못하고 있든 간에 그 고객들은 과거부터 지금까지 그대로 존재해 왔다.

그것도 매우 가치있게 말이다.

기업의 불충성층 고객으로부터 놓친 기회들은 결국 큰 손실로 돌아왔던 것처럼 만약 이 은행이 미국내 은행고객대상 조사에서 나타난 것처럼 모든 은행의 평균 수준에 해당하는 정도만 했었어도 아마도 로열층 고객들이 두 배로 늘어날 것이고 고객예금비율도 상승했을 것이다. 이 은행이 고객으로부터 얻을 수 있는 추가적인 잠정가치는 약 18억 달러에 이를 것으로 평가되었다.

두 번째 연구는 메이저 식료품 체인이 고객들을 대상으로 한 것이었는데, 이 연구에서는 고객 충성도의 영향력에 대한 추가적인 증거를 제시하고 있다. 식료품 체인점의 회원고객 데이터분석을 통해서 회원고객 전체가 동일한 충성도를 보이는 것은 아니며, 식료품 체인점에 대한 강한 감성적 몰입이나 브랜드에 대한 강한 연대감이 부족하다라는 사실을 밝혀냈다. 또한 이 연구에서는 기업의 재무적 성과가 고객과의 감성적인 연결과 직결된다는 것을 알아냈다.

식료품점의 로열층 고객들은 이 식료품점을 매우 자주 방문한 것으로 조사되었다. 로열층 고객들은 충성층 고객 - 체인을 좋아하지만 매우 사랑스럽게 생각하지는 않는 - 보다 약 8.9%나 더 체인을 방문한 것으로 조사되었고, 불충성층보다는 19.5%나 더 방문한 것으로 조사되었다.

그렇다면 왜 불충성층 고객들은 여전히 그 식료품점에서 쇼핑을 하는 걸까? 답은 간단하다. 첫째도 위치고, 둘째도 위치고, 셋째도 위치인 것이다. 노트와 책과 같은 것들을 구입하기는 하겠지만 모든 고객이 구입하지는 않을 것이다. 감성적으로 충성심을 느끼고 있는 고객들보다는 훨씬 적게 구입을 할 것이라는 것이다. 로열층 고객들은 불충성층 고객들보다 3분의 1정도인 32.7% 많은 금액을 식료품점에서 소비하는 것으로 조사되었다, 그리고 불충성층 고객들보다 3분 2정도인 약 80% 정도의 고객이 식료품 구매를 위해 자주 방문하는 것으로 조사되었다.

돈을 벌게도 하고 쓰게도 하는 충성도

우리는 다양한 기업과 산업분야에서 건전한 브랜드 결혼의 긍정적인 경제적 효과에 대해서 살펴보았다. 화장품 소비자중 특정 브랜드에 대해 감성적 충성도를 보이는 소비자는 충성도가 없는 소비자에 비해 약 77% 더 많은 비용을 지출하는 것으로 나타났다. 주유소 고객의 경우에는 충성도가 있는 고객들이 충성도가 없는 고객에 비해 약 11.8% 더 많은 비용을 지출하고 있다. 화장품은 감성이라는 요인이 중요한 동기부여의 수단이 되기도 하지만, 자동차에 넣는 가솔린과 같은 일상용품의 감성도 매우 중요하다.

호텔체인에 충성도가 있는 고객들의 경우 그렇지 않은 고객에 비해 훨씬 더 많은 시간동안 머무른다는 것이 밝혀졌다. 유명 숙박체인의 경우에는 약 64%나 더 많은 숙박률을 보였다. 지역이나 가격이 가지는 강점에는 한계가 있다. 왜냐하면 은행, 식료품점, 주유소, 호텔을 방문하는 소비자들은 여러가지 선택 대안이 있다는 것이다. 그리고 이렇게 여러가지 선택대안이 있는 경우 소비자들의 감성적 유대관계는 매우 강력한 힘으로 작용하며 이것이 즉각 소비자행동 결과로 이어지게 된다.

또한, 고객충성도의 영향력은 B2B 마케팅에서도 매우 중요하다. 앞 부분에서도 언급했지만 기업고객들도 역시 감성적이다. 그리고 우리의 연구에서도 나타난 것처럼 감성은 영향력이 있다. 한 선적 운송기업의 경우에 충성도가 높은 고객들은 충성도가 거의 없는 고객에 비해서 약 48% 더 많은 짐을 실었고 73% 더 많은 비용을 지불했다. 충성스러운 내과의사의 경우 그렇지 못한 의사들에 비해서 50%나 더 많은 비용을 의료제품 마케터들에게 지불하는 것으로 나타났다. 금융서비스에서도 충성도가 높은 고객들은 그렇지 않은 고객들에 비해 약 33.8% 정도의 더 많은 수익을 올렸다. 그리고 제품과 서비스를 50%나 더 많이 구매했으며 평균적으로 16.7%나 더 오랫동안 거래를 유지하였다.

이렇듯 충성도는 이익을 가져다 준다. – 그것도 지속적으로 말이다.

충성도를 끌어올리는 것 또한 이익을 얻게 해준다. 은행에 관한 또 다른 연구조사를 한 번 보자. 갤럽은 브랜드 성실성과 프라이드 구축을 위해 필요한 각종 독창성의 발휘나 서비스의 개선결과에 대한 조사를 하였다. 이번 연구를 통해서 충성도가 높아지고 있는 고객의 경우 전체 은행예금이 증가했다는 사실을 밝혀냈다. 일년 동안 충성도가 거의 없었던 고객이 로열층으로 변한 경우 전체 은행예금도 약 12% 정도가 증가했다. 그리고 이미 로열층 고객이지만 그 충성도를 지속적으로 유지했을 경우 은행의 전체 금융거래 금액이 약 9%까지 증가한 것으로 조사되었다. 반면, 충성도가 낮은 수준이거나 더 낮게 변한 경우 7%에서 8%의 거래

금액이 감소한 것으로 나타났다.

고객의 충성도는 이익을 줄뿐만 아니라 그 이익이 단기간이 아니라 지속적으로 발생하게 한다. 고객 충성도는 미래 재무성과의 선행지표인 것이다. 고객충성도라는 것은 기업의 고객관계의 현황뿐만 아니라 몇 달 뒤 혹은 몇 년 뒤에 체감하게 되는 경제적인 성과에 대한 분명한 신호를 나타낸다는 것이다.

"뜬 구름 잡지 말고 현실적인 대안을 제시하라(SHOW ME THE MONEY) (Part2)"

고객충성도로 인해 발생된 이익은 사업단위 수준에서도 명백히 나타난다. 여기에 기업의 투자대비수익(ROI : Return On Investment)을 나타내는 많은 증거들이 있는데, 이것은 개별 고객수준에서라기 보다는 매장, 지점, 딜러 수준에서 기업의 성과 및 수익성을 정기적으로 평가하는 것이다.

한 대형 가정용품 DIY(Do-It-Yourself) 소매점을 대상으로 한 조사를 통해 CE(고객 충성도 측정기준) 점수의 범위를 조사했는데, 고객충성도가 높은 상위 50%와 하위 50%를 비교하였다. 이 연구로 고객그룹별로 7.6%의 금액적인 차이가 있음이 드러났다. 충성도가 매우 높은 고객을 보유한 매장은 모든 거래에 있어서 더 높은 매출을 올렸다. 고객 충성도의 이점으로 인해 전체 체인점에서 약 5억 달러의 매출을 추가로 올릴 수 있었다.

다른 대형 유통체인에 대한 연구에서도 DIY 소매점 연구에서 밝혀낸 동일한 내용들이 도출되었다. 충성도가 있는 고객을 확보하고 있는 상위 50%에 해당하는 매장의 경우 하위 50%인 매장과 비교해서 동일 면적당 거의 20달러나 높은 매출을 올리고 있는 것으로 나타났다.

자동차 제조회사에 대한 조사에서도 역시 비슷한 패턴의 결과가 도출되었다. 고객충성도 점수가 상위 25%내에 있는 딜러들의 성과를 살펴보았는데, 그들은 새로운 자동차를 판매할 때마다 하위 25%에 있는 딜러들에 비해 약 11.1% 더 많은 수익을 올렸다. 그리고 고객들에게 기분좋게 재방문할 수 있도록 환경을 만들어 제공함으로써 수익을 얻기도 했다. 엄청난 고객서비스 수익도 달성했다.

고객의 충성도는 수익을 창출한다. 더 높은 수준의 고객충성도를 얻어낸 매장에서는 확실하게 눈에 띌 정도로 수익을 창출하게 된다. 이런 매장들은 고객에게 뭔가 다르다고 느낄 수 있는 환경을 제공하고 매장에서 따뜻한 감성을 느끼도록 하여 더 많은 현금을 지출하게 한다는 것이다.

매장차원에서 고객충성도가 증가하게 되면 판매와 수익의 증가로 연결된다. 미국내 대규모 유통점의 경우 일년간 어느 정도 고객 충성도가 증가한 매장은 고객충성도의 수준이 변화하지 않은 매장에 비해 약 15% 정도 판매량이 증가한 것으로 나타났다. 그런데 이러한 결과는 고객충성도가 하락한 매장에 비해서는 약 150% 정도 많은 것이었다.

이러한 패턴은 시간이 변해도 동일하게 나타나고 있는데, 아래의 표에서 보는 것과 같이 그동안 우리가 관찰한 몇 가지 중요한 결과에 대해 정리를 하였다. 어떤 기업이든지 결론은 명쾌하다. 충성도가 있는 고객은 이익을 가져오고 충성도가 없는 고객은 이익을 창출하지 못할 뿐만 아니라 오히려 비용을 지출하게 만든다는 것이다.

고객 충성도의 수익성

갤럽은 로열층 고객, 불충성층 고객 그리고 중립층 고객을 비교해 본 결과, 로열층 고객의 경우 아래와 같은 결과를 보이고 있음이 밝혀졌다.

은행	26% 이상 높은 수익성을 유지함
식료품 체인	20% 이상 더 많이 쇼핑을 하고 한 달에 33% 더 많은 소비를 함
화장품	77% 더 많은 구매율을 보임
주유소	12% 더 많은 방문횟수를 보임
신용카드	사용횟수가 36% 더 많았으며 일년에 44% 소비가 많았음
호텔 체인	64% 더 많은 비즈니스 점유율을 보임
선적 운송회사	48% 더 많이 선적함
비즈니스 서비스	34% 수입이 늘었고 관계 지속성이 14% 증가
데이터 저장	16% 더 많은 비즈니스 점유율을 보임
의료용품	50% 이상 많은 비즈니스 점유율을 보임

갤럽은 매장이나 지점, 딜러간의 비교를 통해 상대적으로 높은 고객 충성도를 보인 기업군과 동일한 시스템은 가지고 있으나 비교적 낮은 고객 충성도를 보인 기업군을 비교해 본 결과 고객 충성도가 높은 수준의 매장의 경우 아래와 같은 특성을 보였다.

가정용품 제품 소매점	거래당 8% 높은 수익 창출
자동차 제조회사	새로운 자동차를 팔 때마다 11% 더 수익 증가
은행	지점당 분기별로 5만~20만 달러 높은 수익 창출
대형 소매점	전년대비 동일 매장 판매량이 15~95% 증가
제2 금융권	대출 채무 불이행자가 74% 줄어듬
DIY 소매점	동일 면적당 판매 20달러 증가

월가를 위한 의미있는 성과지표

고객충성도를 활용한 측정방법이 과거 기업들이나 애널리스트들이 믿어온 수 많은 측정방법보다 브랜드 건전성을 조금 더 예리하게 그리고 관련성이 높은 결과물을 제시하고 있다는 사실은 절대 과장된 것이 아니다. 고객충성도는 한 기업이 얼마나 강하고 가치있는 브랜드 결혼관계를 창출했는가를 나타내 준다. 그리고 그 충성도라는 것은 기업의 브랜드관계에 대한 흥망성쇠의 상태를 민감하게 체크할 수 있게 해 준다.

이러한 것들은 대부분의 기업들이 자신들의 비즈니스 성공여부를 판단하는 방법은 아니다. 어떤 면에서 보면 기업의 브랜드관계 구축에 대한 성공여부를 알아내는 믿을만한 측정척도가 없었기 때문이기도 하지만, 월가가 별로 관심을 보이지 않았기 때문이기도 하다. 결과적으로 고객충성도라는 것이 고객들이 궁극적으로 기업의 가치를 결정한다는 것이 매우 분명한 사실임에도 불구하고, 기업의 주식가치를 견인하는 중요한 요소는 아니었다는 것이다.

그러나 월가는 기업가치를 평가하는데 있어 판매금액, 시장점유율, 매출성장률 등을 활용하는 경향이 있다. 월가가 자동차 제조회사를 평가할 때 자동차 판매대수와 총 수익성장률을 지표로 활용한다. 비누를 만드는 기업의 경우는 시장점유율 및 총 수익성장율을 활용하고 있고, 유통업자의 경우에는 총 판매량의 증가율을 활용하고 있지만 최소 일년 이상 영업을 해 오고 있는 매장들로부터 나오는 판매량의 증가 또는 동일 매장에서의 "일시불" 판매성장률에 대해서도 각별한 관심을 기울이고 있다.

많은 연구를 통해서 무조건 점점 더 커지는 것만이 항상 더 좋은 것만은 아니라는 사실을 발견하기는 했지만 성장성이 초점이 되는 것은 사실이다. 리차드 미니터(Richard Miniter)는 '시장점유율의 신화〈The Myth of Market Share〉' 라는 책에서 시장점유율이 브랜드 건전성의 지표인지에 대해 분석했는데, 시장점유율이 브랜드 건전성 지표는 아니라는 결론을 내렸다. 미니터는 3,000개 기업을 대상으로 분석한 연구결과를 인용하면서 "당시에 시장점유율이 높았던 기업의 70% 이상이 수익성 측면에서는 그리 좋은 결과를 보여주지 못했다" 라고 언급했다. 미니터는 모든 것을 경쟁관점이 아니라 고객관점에 집중해야 한다고 주장했다.

이것은 매우 중요한 문제이다. 기업이 중요한 목표로 인식하는 것이 무엇이던 간에 그것은 분명히 기업의 모든 관리자의 계획과 프로그램을 가이드 해주는 중요한 방향이 될 것이라는 것이다. 목표는 꼭 지켜야 하는 것으로 일종의 강박관념으로 작용하여 잠을 못 이루는 상황으로까지 연결될 수 있다.

만약 중요한 목표가 판매량과 시장점유율이라면, 관리자들은 재빠르게 효과적으로 달성할 수 있는 방안을 찾아야 할 것이다. 가격할인도 분명 하나의 방법이기는 하다 : 물론 관리자들은 가격할인, 폭탄세일, 0% 마진판매 등의 방법을 이용할 수 있다. 단기간으로 보면 수익이 증가할 수는 있지만 이로 인해 발생하는 비용은 과연 어떻게 할 것인가?

만일 중요한 목표가 기업의 수익이라면 관리자들은 다른 방법을 강구해야 한다. 수익을 내기 위해서는 비즈니스 수행시 발생되는 각종 비용을 줄이는 직접적인 방법을 생각해야 한다. 이렇게 하면 역시 단기적으로 수익은 증가하지만, 비용은 어떻게 할 것인가?

판매량이 증가한다거나 수익이 증가한다거나 하는 것이 브랜드의 실제 소유주인 고객에게는 아무런 이익이 되지 못할 수도 있다. 그리고 이처럼 고객에게 아무런 이익이 되지 않는다면 기업은 브랜드 결혼을 확장해 나가는데 실패할 것이고 오히려 브랜드 관계를 약화시킬 것이다. 고객충성도가 낮아지면 미래의 매출, 성장률, 그리고 수익 등도 낮아지게 된다는 것이다.

그 대신 기업들은 고객충성도 그리고 건전한 브랜드 결혼에 대해 조금은 과도할지는 모르지만 꾸준히 관리자들의 관심을 받을 만할 가치가 있는 목표에 집중을 해야 한다. 기업의 모든 관리자들은 기업의 가장 가치있는 자산인 고객과 강력하고 열정적인 관계를 구축하고 보호하는데 모든 것을 집중해야 한다. 이러한 브랜드 관계자산을 통해 지속적인 고객 – 브랜드간의 건전한 관계와 기업의 미래수익과 성공을 확신할 수 있게 된다.

Married to the Brand

Chapter 14

브랜드 결혼의 관리

기업의 CEO나 경영자들은 브랜드와 고객과의 관계가 가치있는 자산이라는 것을 잘 알고 있으며, 이러한 자산에 투자하고자 하는 의지도 보여왔다. 그러나 기업이 실행하는 마케팅 프로그램의 효과가 별로 없고, 브랜드 구축에 들이는 비용도 증가하지 않는다는 것이 밝혀졌다. 고객관계는 점점 더 약해지고 부실해져서 일단 고객이 OK는 하지만 열정적으로 충성도를 보이지는 않는 그런 상태에 빠지게 된 것이다.

수 많은 기업들이 고객에게 동일한 약속과 동일한 브랜드 경험을 제공하고 있다. 이렇게 비슷한 약속을 하고 비슷한 경험을 제공하는 기업이 제안한 내용을 고객들이 무시하고 열정을 나타내지 않는 것은 아주 당연한 일이다.

기초부터 시작하라

이러한 문제들을 극복해 내기 위해서 기업이 브랜드 약속을 한 처음시점으로 다시 돌아가 보자. 브랜드 약속은 반드시 이행되어야 하는 내용들로 함축되어 있다. 그 내용들은 한 브랜드가 다른 브랜드와 분명히 구분되는 아주 차별적인 브랜드로 만들어져야 한다는 것이다. 만일 당신의 브랜드가 300개의 아침식사 시리얼 브랜드와 경쟁한다면, 또는 3,500명의 IT 컨설턴트나 30개의 중형 SUV와 경쟁한다면 당신이 제공하는 브랜드 약속은 정말로 중요해서 소비자의 마음속에 아주 확실한 포지션을 차지해야 한다는 것이다. 당신의 브랜드는 일반적인 브랜드와는 다른 어떤 것을 나타내 주어야 하고 고객들로부터 주의를 끌 수 있어야 하며, 고객의 지속적인 충성심과 신뢰성을 이끌어내야 한다.

브랜드는 BMW를 타고 시골길을 달리던, 월마트로 걸어 들어가든, 따끈한 타코 벨의 찰루파(Taco Bell chalupa)를 한 입 베어 물었든, 클럽 샌드위치에 미라클 휩을 바르던 간에 고객들이 이러한 경험들을 어떻게 느끼느냐에 따라서 아주 강력하고 영구적으로 그 브랜드 자체를 차별화시킨다. 고객들이 그 차이를 느껴야 하며, 그것을 분별하고, 인지하고 그리고 높이 평가할 수 있어야 할 것이다. 만약 고객들이 어떤 것과도 연관이 될 수 없다면, 개별적인 접촉을 위한 근거가 없게 된다.

브랜드의 근원〈The Origin of Brands〉에서 알 리스와 로라 리스는 브랜드는 차별점이 매우 약하거나 분명하지 않은 "어중간한 상태(Mushy Middle)"를 벗어나야 한다고 강력하게 주장하고 있다. 잭 트라우트는 "차별적이지 않다면 곧 사라질 것이다(Different or Die)"에서 미투(Me-too)라는 함정을 조심하라고 경고하고 있다.

잭 트라우트는 브랜드가 별로 차별점이 없을 경우에는 새로운 브랜드가 치고 들어오면 오래된 브랜드라고 하더라도 결국에는 사장된다고 주장했다. 이와 같은 교훈은 가볍게 넘기지 말고 명심해야 한다. K마트와 시어즈, 라마다(Ramada)와 뷰익(Buick), A&P와 유나이티드 에어라인(United Airlines)과 같은 기업들이 경쟁하는 모습을 보라.

브랜드는 기본적으로 의미있는 차별점을 가지고 있어야 한다. 그러나 대부분의 브랜드들은 아직도 이러한 기본적인 테스트조차도 통과하지 못한다. 고객들은 대체적으로 한 브랜드가 경쟁브랜드와 어떤 점에서 확연하게 차이가 나는지를 알 수가 없다. 경쟁 브랜드가 약속하는 것과 뭐가 다른가를 알 수 없다는 것이다. 또한 경쟁 브랜드가 아닌 그 브랜드를 구입해서 사용할 경우에도 고객은 어떤 특별한 감성을 느끼지 못하기도 한다. 이는 고객들이 상당기간 동안 이미 사용하고 있는 브랜드들에서도 마찬가지이다. 마케터가 고객에게 "당신이 사용하고 있는 브랜드는 무엇이 다른가요?"라고 물을 때 마케터는 고객들이 "난 잘 모르겠어요. 나는 그냥 단지 오랫동안 사용했을 뿐이죠"라는 대답을 듣고 싶은 것은 아닐 것이다.

이것은 영구적인 결혼을 위한 토대가 될 수는 없다. 고객들이 그 브랜드가 어떠한 약속을 하고 있는지도 알지 못한다면 기업이 그 브랜드 약속을 지킬 것이라고 확신할 수 없을 것이다.

경쟁 브랜드와 차별화된 모습을 보여주는 브랜드는 매우 드물다. 이는 자신들의 브랜드가 경쟁 브랜드와 비교해 명확하게 어떤 점이 다른가를 이야기할 수 있는 브랜드 자체가 적기 때문이다.

집중, 집중, 또 집중

차별점이 부족한 것이 이상한 것처럼 보일 수도 있지만, 결국 기업은 차별적인 브랜드 네임, 로고, 패키지를 만들기 위해 수만 달러의 비용을 지출한다. 기업들은 마케팅에 있어서 차별화가 가장 중요하다라는 사실을 아는 것처럼 보인다.

또한 기업들은 차별점을 찾아내기 위해 많은 시간을 투입한다. "우리가 표현할 수 있는 차별점은 무엇일까"라는 것은 경영진 회의에서 단골 메뉴로 나오는 질문이다. 어쨌든, 기업들이 자신들의 차별점이 무엇인지를 정확하게 나타내고, 기업내에서 그 차별점을 분명하게 각인할 때쯤이면 이미 때는 늦어 버리는 것이다. 아마도 기업들은 무엇이 브랜드 경험을 차별화하는지 잘 모르는 것 같기도 하다. 또한 기업들은 왜 브랜드 차별점이 브랜드 결혼을 포함한 상호간의 관계에 이익을 가져다 주는지 잘 모르는 것 같다.

이것은 공통적인 문제이기는 하지만 윌리엄코헨은 '전략가의 예술'의 저서에서 '구체적인 목표에 완전히 매진하라(Commit fully to a definite Objective)'는 비즈니스의 성공을 위해서 요구되어지는 기본적인 사항들이 다소 정당한 것이 아니라고 할지라도 적극적으로 목표를 위해 추진해야 한다고 주장하였다. 목적이 분명하지 않거나 기업이 목적에 전념하지 않는다면, 성공의 기회는 그만큼 희박해진다는 것이다.

그럼에도 불구하고 많은 사례를 통해서 알 수 있듯이 대체적으로 목적이 불분명하고 약속이 불명확하다. 짐 콜린스(Jim

Collins)가 '좋은 기업을 넘어서 위대한 기업으로 〈Good to Great〉' 에서 주장한 것처럼 많은 기업들은 자신들의 기업이 다른 기업과 차별화 되는지 알지 못하는 것 같다. 단지 아주 극소수의 기업만이 자신들이 무엇을 약속할 수 있고 무엇을 제공해 줄 수 있으며 다른 기업 대비 더 좋은 것을 해 줄 수 있는가를 아는 것 같다. 기업들은 고객들의 OK에 만족하지 말고 지속적인 노력을 해야 만이 고객들로부터 열정을 불러 일으킬 수 있을 것이다.

평범한 약속을 하거나 평범한 성과를 얻는 것만으로는 결혼관계를 구축하거나 유지시킬 수 없다. 브랜드 결혼이 지속적으로 유지될 것이라고 안이하게 생각해서는 안 된다. 브랜드 결혼은 점점 더 좋아지고 점점 더 강해지고 점점 더 건전해지지 않는다면 결국에는 퇴보하게 된다는 것이다.

"충분히 좋다(good enough)"라는 것을 얻는데 있어 문제가 하나 더 있다. 대부분의 기업들은 정말 모든 사람이 자신들의 고객이 되기를 바란다. 대부분의 기업은 모든 사람이 자신들과 결혼하기를 원하는 것이다. 이렇기 때문에 기업들이 제공하는 브랜드 경험은 아주 뚜렷하게 정리될 수 없고 제대로 타겟팅된 고객들에게 차별적인 무엇을 제시해 줄 수 없다. 대부분의 기업들은 정말이지 자신들의 규모가 점점 더 커지는 것을 원하는데, 이는 곧 고객들의 숫자가 점점 증가한다는 것을 의미한다. 기업들은 자신들이 하는 이야기가 세상에 점점 더 어필되기를 원한다.

어쨌든 브랜드 차별화를 진정으로 원하지 않는 기업은 없다. 브랜드 경험이 모든 사람들에게 동일하게 어필될 수는 없으며, 브랜드가 꼭 모든 사람과 거래를 해야만 하는 것도 아니다. 브랜드라는 것이 한정된 카테고리내에서 독점적인 위치를 차지하거나 아니면 포괄적인 의미를 갖을 수는 있지만, 그 카테고리안에서 성공적인 브랜드로서 계속 살아남는 것은 쉬운 일이 아니다. 그리고 경쟁사의 달콤한 제안과 저가에 대한 유혹을 뿌리칠 정도로 충분히 열정적인 브랜드 결혼을 유지할 수도 없을 것이다. 어떤 브랜드도 모든 사람에게 완벽할 수는 없는 것이다.

크다고 좋은 것인가?

어쨌든간에 기업임원들이나 월가 애널리스트들이 여전히 지속적으로 성장을 해야만 한다는 강박관념에 사로잡혀 있기 때문에, 결국 CEO는 성장이라는 것에만 집중하게 된다. 이러한 강박관념들이 결국 마케터들로 하여금 그들이 브랜드를 통해 약속할 수 있는 것이 무엇이고, 누구에게 브랜드 약속을 해야만 하는 지에 대한 고민을 지속적으로 하게 만든다. 이런 고민들은 결국 브랜드약속을 지속적으로 확장시켜 나갈 수 있게 하며, 윤곽이 드러나지 않는 타깃고객층을 지속적으로 확대해 나갈 수 있게도 한다.

이러한 일은 종종 발생한다. 〈빅 브랜드의 성공조건(In Big brands, Big Trouble)〉에서 잭 트라우트(Jack Trout)는 과도한 브랜드 약속으로부터 발생하는 집중력 저하의 사례로 GM을 들고 있다. GM은 작고 저렴한 캐딜락, 대중적인 올즈모빌과 더불어 점점 더 커지고 값 비싼 시보레라는 제품을 선보였다.

GM만이 이러한 실수를 한 것은 아니다. 안전성을 강조했던 볼보 역시 자신들의 영역을 스타일리쉬하고 심지어는 섹시한 자동차 영역으로까지 확대하려고 했다. 폭스바겐은 투아렉(Touareg) SUV뿐만 아니라 페이톤(Phaeton)이라는 매우 비싸고 고급스러운 세단도 있었다. 이는 마치 포르쉐가 폭스바겐과 같은 마력을 가지고 있는 914라는 제품을 갖고 있는 것과 유사했다. 우리는 아마도 소형 롤스로이스 컨버터블이나 재규어 미니밴 그리고 아홉 명이 탈 수 있는 미니쿠퍼 SUV와 같은 자동차가 출현할 수도 있다는 것을 짐작할 수도 있을 것이다.

자동차 산업에서는 마치 이런 불문율이 있는 것 같다. 우선 차별적인 브랜드 약속을 규정하는 것이 가장 우선이며 그 다음으로는 분명하지는 않고 희미한 영역일지라도 희망하는 영역으로까지 점점 더 확대시켜 나가라. 이러한 것들은 로열층 고객인 현재의 브랜드 배우자에게 아래와 같은 메시지도 전달한다. "우리는 당신을 당연하게 받아들이죠. 당신이 아니어도 정말 우리를 흥분시키는 많은 세상이 있죠. 그곳은 우리가 찾던 그런 곳이죠." 이러한 것들이 기업의 브랜드 약속에 대한 명쾌함이나 신빙성을 높여 주지는 못한다.

은행관련 산업에서도 이런 현상이 나타난다. 은행들은 현재 일반 계좌, 모기지론에서부터 보험과 투자상담까지 모든 것을 판매하고 있다. 전화회사들은 시내전화 서비스, 장거리 전화서비스로부터 케이블 TV회사, 무선인터넷회사로 그 영역을 확대하고 기업을 합병하고 있다. 그렇다면 이렇게 멀티서비스를 제공하는 기업의 차별화된 브랜드 약속이 정확하게 무엇인가?

자명하게도 소비자들은 자신들이 제공받은 브랜드 약속이 실제 무엇인지 파악하는데 어려움을 겪게 될 것이라는 것이다. 기업이 제공한 각종 메시지와 제품들의 광범위한 분류는 소비자들에게는 혼란으로 작용할 수 있다.

브랜드를 살려라

기업들이 자신들의 브랜드 약속을 분명하게 제시하지 못하거나 의미있는 브랜드 차별성을 부각시키지 못할 경우 또 다른 문제가 발생한다. 기업들은 제품, 패키지, 사람, 프로모션, PR, 점포 계산대, 주차장, 임직원들의 유니폼, 웹사이트, 텔레마케터 등 수 많은 방법을 통해서 고객들과 접촉한다. 기업이 고객들과 접촉하는 포인트 사이에는 반드시 일관성이 있어야 한다. 모든 접점에서 브랜드 메시지를 분명하게 소비자에게 전달해야 하며, 각 접촉 포인트에서 브랜드 약속을 이행해야 한다. 만약 메시지나 성과가 일관적이지 않다면 고객들은 자신들의 경험을 일관성있게 느끼지 않을 것이다. (즉, 고객들은 다양한 방법으로 브랜드를 경험하고 느끼게 될 것이다) 결국에는 충성도가 없고 열정적이지 않은 브랜드 관계를 양성하게 될 것이다.

기업이 소비자와 접촉하는 방식은 매우 다양하기 때문에 유기적으로 잘 연결되어 있는 브랜드 약속은 내부적으로도 매우 중요한 목적을 가지고 있다. 확실히 이러한 차별화된 브랜드 약속은 기업이 소비자들과 접촉하는 시점에서 필요한 각종 계획이나 활동들을 가이드해 주고 집중하게 해준다.

일단 브랜드 약속이 개발되면 반드시 그 약속은 공유되어야 한다. 제품 디자이너, 광고파트와 매장운영팀들이 만약 브랜드 약속이 무엇인지를 모르고 있다면 자신들이 모르고 있는 브랜드 약속을 전달하거나 이행할 수가 없게 된다. 콜센터팀, 웹 사이트 디자이너, 매장점원 역시 브랜드 약속이 분명하지 않고 잘 규정되어 있지 않다면 브랜드 약속을 전달하거나 이행할 수가 없게 된다.

조직원의 충성도 측정을 위해 갤럽이 개발한 12개 항목은 기업 구성원들에게 "나는 내가 직장에서 무엇을 해야 하는지 알고 있다"라는 가장 기본적인 질문에 어느 정도 동의하는가를 묻고 있다. 기업이 제공하는 브랜드 약속에 대해서 명확하게 규정하지 않은 상태에서는 어느 누구도 무엇을 해야 할 지 알 수가 없으며, 종업원이나 고객 충성도 역시 손상을 입게 될 것이다.

해결책 vs 부서 이기주의

기업들이 당면하고 있는 구조적인 문제 중 또 다른 하나는 고객과 자신들의 관계를 개선시키는 방법을 찾는 것이다. 비즈니스를 하면서 기업은 소비자와 매우 다양한 방법으로 접촉하게 된다. 소비자들은 기업과 접촉하기 위해 특별한 방법을 활용하지는 않는다. 소비자는 동일한 브랜드의 여러가지 면을 보기 위해 다양한 접촉 방법을 활용한다. 다양한 접촉 방법은 전반적인 브랜드 경험을 구성하는 요소이다. 이러한 접촉 포인트는 브랜드를 대표하여 임명되거나 고용된 브랜드 홍보대사나 에이전트를 말한다.

소비자들은 스타벅스이던, 토요타건, 콜게이트이건 간에 브랜드를 하나의 통합된 형태로 경험하기 때문에 기업들이 어떻게 브랜드를 대하고 다루는지, 그리고 기업들이 어떻게 작전을 짜는지는 그리 중요한 것 같지는 않다. 대부분의 기업은 일반적인 활동이나 기능을 근거로 하여 자신들이 어떻게 행동할 것인가를 결정하는 것이지 소비자들이 브랜드를 어떻게 경험하는가에 따라서 결정하는 것은 아니라는 것이다. 기업들은 마케팅, 판매, 운영, 유지보수, CRM, 인적자원관리, 광고, 법률, 품질관리, 생산, 회계 등 별개로 기능적인 책임을 부여하여 각각의 조직을 만든다.

겉으로 보기에는 부서 단위로 구성하는 것이 기업의 전반적인 운영에 용이해 보일 수 있다. 부서 단위로 조직을 구성하게 되면 일반적으로 기업이 비즈니스를 유지하기 위해 무엇을 할 필요가 있는지에 집중할 수 있게 해 준다. 그렇게 되면 기업의 자원을 고객들이 원하는 요구에 집중시킬 수 있게 된다.

사실, 당신이 고객의 관점에서 보지만 않는다면 부서단위로 조직을 구성하는 것은 매우 의미가 있다. 왜냐하면 다양한 기능을 가지고 있지만 그에 걸맞는 역할을 하기 때문이다. 법률부서가 과도한 약속으로 인한 비난의 조짐을 사전에 통제하는데 집중을 하는 동안 마케팅부서는 기업의 시장을 넓히고 기업의 브랜드 약속의 매력을 넓히는데 집중을 한다. 고객관리부서가 현재의 고객을 지원하고, 콜센터가 통화시간을 줄이는데 집중을 한다. 광고부서에서는 새로운 고객들에게 어필할 메시지들을 만드는데 집중하고 있다. 이러한 그룹들은 고객 경험의 질에 직접적으로 영향력을 행사하고 있는 반면, 각 부서는 자기 부서 입장에서만 일을 하려 하고 이를 누군가 조정해 주어야 하는데, 그 일은 최고 경영자층만이 할 수 있다. 그리고 기업의 리더십이라는 것이 주식시장에만 집중되어 있어서 매출증대와 비용감소에만 편중된다는 것을 의미한다.

돈은 어디에 머물러 있는 걸까?

브랜드와의 진정한 관계의 형성이라는 것은 고객이 매장에 들어와 자기 순서를 기다리면서, 덴버로 향하는 다음 비행기의 17B 좌석을 예약하려고 할 때 이러한 것들이 모두 자연스럽게 일어난다. 또는 어떤 한 고객이 당신의 전화가 매우 중요하며, 기다려준 것에 감사한다라는 음성서비스를 들으면서 통화대기 중일 때에도 마찬가지이다.

그래서 누가 고객에게 집중한다는 말인가? 고객불만처리 핫라인을 운영하거나 고객들에게 보내진 이메일 오퍼를 관리하는 사람이 아니라, 충성된 고객들을 열정을 다해 유인하고 지속적으로 남아 있을 수 있게 기업 전체의 자원을 이용할 수 있도록 권한을 위임 받은 자가 고객에게 집중을 하게 된다.

모든 기업에서 이러한 기능적 영역은 매우 중요해서 조직의 성공을 결정하는데 중요한 역할을 한다. 최근 기업의 기술관리 부분이 점점 중요해지기 때문에 기업들은 CIO제도를 도입하고 실질적인 영향력을 가진 이상적인 챔피언을 요구하고 있다. 또한 기업의 재무부분은 반드시 필요한 것이므로 CFO 제도도 운영하고 있다. 그리고 기업의 전반적인 운영에 있어서 중요할 역할을 담당할 COO(Chief Operations Officer)를 필요로 한다. 기업

전체의 비즈니스 성장을 위해 필요한 광고, 홍보, 포장 그리고 심지어는 가격수립 등을 통합 조정하는 역할을 담당할 CMO(Chief Marketing Officer)도 필요하게 된다.

그렇지만 CCO(Chief Customer Officer)는 과연 어디에 존재하는가? 고객을 위해 목숨을 걸고, 고객 충성도에 대해 항상 고민하며 살아가는 그러한 사람은 도대체 어디에 존재한단 말인가? 만일 기업의 브로슈어와 연간 보고서에서 고객이 진정으로 중요하게 다루어진다면, 고객 활동의 전반적인 내용을 책임질 수 있는 사람이 반드시 필요하다. 그리고 고객 요구와 월가의 요구는 서로 다르기 때문에 CEO가 CCO를 대신할 수 없을 것이다.

CCO를 단순하게 고객불만을 처리하는 사람으로 임명한다면 누구든지 직함만 바꾸어서 할 수 있을 것이다. CCO는 CIO나 CEO처럼 진정한 권력을 가지고 있어야 한다는 것이다. 그리고 고객에게 무슨 영향을 미치던 간에 CCO의 직접적인 결재하에서 실행되어야 한다는 것이다.

C자 레벨과 같은 중역들을 만들고 권한을 부여하는 것은 기업에게는 커다란 도전임과 동시에 당연히 거쳐야 할 단계인 것이다. 썬마이크로시스템즈나 시스코시스템즈와 같은 일부 기술중심기업의 혁신적인 구조를 갖춘 소수의 기업들만이 CCO제도를 운영하고 있다. SARA LEE가 냉동 치즈 케익을 조금 더 판매하기 위하여 CCO가 필요하고, 켈로그는 시리얼을 조금 더 판매하기 위하여 CCO가 필요하다면 뱅크 오브 아메리카, 브리스톨 메이어스, 제트블루와 같은 기업에게도 CCO는 반드시 필요하다. 결국 고객은 당신이 구매하는 노트북 컴퓨터와 당신의 네트워크

만큼이나 중요하지 않겠는가?

불행하게도 최근의 기업구조는 정말이지 독특한 브랜드 경험을 디자인하고, 커뮤니케이션하고, 전달하는데 고르게 집중할 수 없게 되어 있다는 것이다. 이렇기 때문에 기업 고객의 절반 이상이 중립층이거나 아무런 관계도 없는 불충성층에 속하는 경우를 종종 볼 수 있다. 이 얼마나 아까운 잠재력의 낭비란 말인가? 기업은 미래에 충성스러운 고객으로 전환될 수 있는 잠재력을 보유한 고객을 절대로 화나게 해서는 안된다. 결국 고객들은 화를 내고 지갑을 열지 않음으로써 이러한 불쾌감을 표출하게 될 것이다.

건전해지기

그러나 우리는 기존 고객의 절반 이상과 단절하거나 브랜드에 대한 불만이 열정보다 커서 다시는 헤어나올 수 없는 그런 진흙탕 속에 있지도 않다. 그렇게 되어서도 안되며 실제 몇몇 기업들이 이를 증명해주고 있다.

기업들은 성공적으로 고객충성도를 창출해 내고 있고 브랜드 관계의 열정적인 힘과 잠재력의 좋은 본보기를 보여주고 있다. 과거 조사를 했던 국제 비즈니스 서비스 회사의 경우 한해 동안 브랜드 신뢰성점수를 약 46% 증가시켰다. 이러한 변화는 중요한 의미를 갖는다. 미국의 한 유통회사의 경우 평균적인 고객 충성도(CE : Customer Engagement) 점수를 0.1점 증가할 때마다 시장점유율이 약 1.1% 증가하는 것으로 나타났다. 고객 충성도의 상승이라는 것이 그리 흥미로운 일도 아니다. 종종 일어나는 일인 것이다. 그렇지만 고객충성도가 빠르고 쉽게 상승할 수 있다는 것을 의미하지는 않는다.

그리고 기업의 실질적인 변화와 적극적인 행동이 수반되지 않는다면 브랜드 관계가 좋아지지 않을 것이라는 것은 자명한 사실이다. 또한 어떠한 형태로 측정을 하더라도 브랜드 관계가 단순히 측정만을 한다고 해서 강하게 되지는 않는다는 것이다. 더불어 기업의 관리규약에 의해서 모든 종업원에게 고객들에게 관심을 기울여야 한다고 말만 한다고 해서 브랜드 관계가 좋아지지는 않는다.

기업이 각 단계에서 목표를 분명히 하고 의미있게 고객과의 모든 접점에서 관계를 확장해 나가는 것을 기업의 진정한 최우선 과제로 여기지 않는다면 브랜드 관계가 더는 좋아지지 않을 것이다. 비즈니스 자체가 그저 그렇게 진행된다면 브랜드 관계도 크게 개선되지는 않을 것이다.

그리고 기업들이 중요하지도 않은 결과를 도출하는데 집중하다 보면 브랜드 관계가 강력해지지 않는다는 것은 당연한 사실이다. 브랜드 인지도가 최종목표는 아닌 것이다. 여전히 매우 높은 브랜드 인지도를 보이는 공룡 브랜드들이 존재하고 있다. 광고 인지도 역시 최종목표가 아니다. 만일 광고 인지도가 목표라면 스타벅스, 미니쿠퍼, 레드 불은 불운한 것이고 올즈모빌은 여전히 그저 그런 것이고, K마트는 대성공을 한 것이라고 말할 수 있을 것이다.

최종목표는 반드시 브랜드 결혼이어야 하는데, 이는 기업과 고객간의 지속적이고 측정가능한 매우 강력한 결혼을 의미한다. 이러한 목표는 중역 회의실에서뿐만 아니라 선반정리를 하는 순간에도, 전화받는 순간에도, 포장을 다시 디자인하는 순간에도, 차량을 정비하는 순간에도, 또는 광고를 제작하는 순간에도 열광적이고 열정적으로 추진되어야 하는 것이다.

많은 사람들에 의해서 공유되기를 희망하는 베스트 프랙티스들이 있기는 하지만 아직까지 존재할지도 모르는 고객 – 브랜드간 관계증진의 핵심을 짚어줄 신뢰할만한 방법이 존재하지 않기 때문에 아직 널리 공유는 되지 않고 있다. 일반적인 고객만족도 조사들은 목표가 높지 않기 때문에 이러한 것들을 쉽게 알아낼 수는 없다. 고객만족도조사에서는 고객에 대한 감성적인 면을 무시할뿐만 아니라 기업과 고객간에 결속력을 강화하거나 약화시키는 개인적인 접점에 대한 측정과 연계가 매우 어렵다.

이 베스트 프랙티스는 조직 내부의 곳곳에 잠복해 있으며, 가능한 해결책이 실행되기를 기다리고 있다. 우선, 기업이나 조직에서는 실행가능한 해결책들을 찾아내야 한다. 이것은 브랜드 결혼의 건전성에 미치는 영향을 측정하기 위해 가능성이 있는 행동의 범위를 – 기능적으로 통제가 가능한 행동의 범위 – 조사해야 한다는 것을 의미한다. 많은 기업들은 기업의 도처에서 즉각적인 실행에 필요한 마술과 같은 묘책 – 새로운 광고 캠페인, 새로운 요리의 온도 조건, 검사속도의 개선, 새롭게 디자인된 ATM, 새 유니폼, 스마일 버튼, 사외 단합대회 – 을 아직도 찾고 있다.

그러나 해결책이 단순하더라도 그리 쉽게 풀리지는 않는다. 조직속 깊은 곳으로부터 도출된 해결책만이 쉽게 풀릴 수가 있는데, 이것은 고객과 상호작용을 하는 모든 이들의 개별적인 힘을 끌어 모으는 것이다. 이러한 해결책들은 브랜드 경험을 차별화시켜 준다거나 기업의 제품이나 서비스의 매력도와 성과를 드라마틱하게 증진시켜 준다. 기업은 고객들이 느낄 수 있고 연결이 가능한 해결책을 필요로 하고 있다. 그러나 우선 브랜드 경험 측면에서는 나이키와 스타벅스의 브랜드 개발에서 중요한 역할을 담당했던 스캇 베드버리(Scott Bedbury)가 그의 브랜드 원칙 중의 하나로 언급했던 것처럼 "모든 것이 중요하다"라는 사실을 인정해야 한다.

쉬운 일은 아니지만 그렇다면 다른 대안은 무엇인가? 아마도 당신 기업의 고객들중 절반 이상은 아직도 당신 회사의 브랜드를 사용하면서도 항상 다른 브랜드로 이탈하고자 하는 기회만 엿보고 있다는 사실을 받아들여야 되지 않을까?

고객과 감성적으로 연결되기 위해 필요한 것들

우리는 소비자 감성에 대한 연구를 60년이상 면밀히 연구해 오고 있고 무엇이 소비자로 하여금 브랜드에 대해 인지하고, 신뢰하고, 게다가 사랑하게 되는 지에 관한 여러가지 식견들을 수집해 오고 있다. 이러한 식견들은 행동하는 것보다 말하기가 훨씬 쉽지만 어쨌든 명확한 사실인 것이다.

천리길도 한 걸음부터라는 말이 있는 것처럼 조금 더 강력한 브랜드 결혼을 성사시키는 위해서는 다음의 3가지 포인트를 언급하지 않을 수 없다.

1. *브랜드 약속을 분명하게 이야기하라.*

당신의 브랜드(제품 또는 서비스)가 어떤 차별점이 있는가를 이성적으로가 아니라 감성적으로 분명하게 이야기하라. 현재고객과 잠재고객들은 당신이 이야기하는 브랜드 약속이 다른 브랜드에 비해 얼마나 차별적이라고 생각할까? 당신이 이야기한 브랜드 약속은 조직 내부뿐만 아니라 현재고객이나 잠재고객에 이르기까지 얼마나 많은 사람들이 알고 있을가? 당신은 당신이 하는 약속을 알고 싶어하는 사람들에게 약속을 지키기 위해서 무엇을 제공할 수 있는가?

2. *당신의 표적을 확인하고 목표들을 명확히 제시하라.*

당신이 정말 약속을 하고 싶은 소비자는 누구인가? 당신의 고객기반은 어떻게 변화하고 있는가? 누가 과연 당신의 가장 가치있는 잠재고객인가? 당신과 오랫동안 브랜드 결혼관계를 형성하고 유지할 수 있는 가능성이 있는 잠재고객을 알아내고 그들을 끌어들이기 위해서 당신은 무엇을 하고 있는가? 당신의 현재고객들이 누구인가를 알아내고 그들에게 보상을 해주기 위해 당신은 현재 무슨 프로그램을 진행하고 있는가? 단순히 당신의 고객을 만족시키는 차원이 아니라 고객들과 감성적으로 유대관계를 맺고 충성적인 관계로 발전시키기 위해서 당신은 무엇을 하고 있는가? 차별적인 약속뿐만 아니라 차별적인 브랜드 경험을 창출해 내기 위해 당신은 때로는 이성적이고 감성적이기도 하면서 일반적이기도 하고 특정 상황에 따라 다르기도 한 고객의 요구에 대해 고민하고 있는가? 당신은 당신이 하고 있는 일의 진행상황과 성과를 어떻게 모니터링하고 있는가? 당신은 당신의 목표를 향해 잘 전진하고 있는지, 브랜드 건전성을 잘 보강해 나가고 있는지, 브랜드 관계를 잘 강화시켜 나가고 있는지 어떻게 이야기 할 수 있는가?

3. *당신의 고객 접점을 정렬하고 맞추어라.*
제품, 프로세스, 직원, 정책, 포장, 홍보, 유통 등을 통해서 당신은 당신의 잠재고객과 현재고객과 얼마나 다양한 방법으로 접촉하고 있는가? 당신이 이야기한 브랜드 약속이 이러한 접점에서 고객들에게 얼마나 잘 알려졌고 얼마나 잘 존속되고 있는가? 또한 각 고객 접점에서 당신이 한 약속이 얼마나 잘 전달되고 있는가? 당신은 어떻게 알고 있는가? 어떤 종류의 브랜드 열정이 분명하게 나타나는가? 각 고객을 우연히 만났을 때 성과가 좋게 그리고 일관성을 가지고 지속시키기 위해서 당신은 무엇을 하고 있는가? 누가 이러한 것들을 책임져야 하는가? 당신은 현재고객과 잠재고객에 안면을 익히면서 발생되는 각종 시련에 얼마나 잘 대처하고 있는가? 당신이 가는 길에 놓여져 있는 장애물은 무엇이며, 그 장애물을 극복하기 위해서 당신은 어떤 계획이 있는가?

브랜드 결혼의 관리는 가볍게 또는 마음에서 우러나오지 않은 상태로 할 수 있는 것은 아니다. 기업이 충성도라는 호수에 살짝 발가락을 담갔다고 하더라도 기업은 결코 좋은 결과를 얻지는 못할 것이다. 윌리엄 코헨(William Cohen)의 첫 번째 원리인 "궁극적인 목적에 전념하라"라는 말은 기억할만한 가치가 있는 말이다. 일부분의 투입으로 행해지는 이러한 파일럿 프로그램을 가지고는 사실이 옳고 그름을 판단하지도 못할뿐만 아니라 임기응변으로 대처할 수도 없을 것이다. 열정이나 권한의 부족으로 효과가 없거나 거의 관계가 없는 테스크 포스(Task Force)나 스터디 그룹에 의해서는 관계증진을 위한 충분한 기회를 갖지 못하게 될 것이다. 브랜드 결혼의 관리를 위해서는 조직 전체가 느낄 수 있을 정도의 조화, 집중, 그리고 깊이 있는 헌신이 필요하다.

결론적으로...

이 책에서 우리는 브랜드와 결혼한 사람들, 더 나아가서는 평생 동안 브랜드와의 결혼관계를 유지하고 있는 소비자들에 대해 이야기했다. 우리는 기업과 대등한 관계를 유지하고 있는 파트너인 소비자의 시각을 통해서 브랜드의 세계를 살펴보았다. 우리가 지금까지 살펴본 사례는 기업 보다는 소비자 측면의 사례가 대부분이었다.

결론적으로 말하자면 소비자들은 브랜드와 결혼을 할 기회를 찾고 있다. 기업들은 사랑을 얻으려고 애쓰기도 하고 프로포즈를 하기도 한다. 기업은 결혼하기를 원하지만, 데이트를 지시하거나 관계를 요구하지는 못할 것이다.

결혼상담사들은 결혼이라는 단계에서 당신이 무엇인가 일을 해야 한다고 이야기하고 있는데, 이것은 기업에게나 브랜드에게나 모두에게 동등하게 적용된다는 것이다. 이러한 결혼을 관리하는 과업을 조금 더 열심히 그리고 더 현명하게 수행하기 위해서는 기업은 소비자를 잘 관찰해야 하고 소비자의 이야기에 귀기울여야 할 것이다.

성공한 기업들에 대한 이야기는 중요하다. GE의 성공스토리와 3M의 기업 전반에 걸쳐 추진한 혁신의 접근방법에 대해 읽어보는 일은 매우 흥미로운 일이다. 나이키와 노드스트롬, 디즈니와 인텔의 이야기를 들어 보는 것도 매우 흥미로울 것이다. 그런 이야기들은 우리에게 교훈을 주기도 한다.

그러나 소비자의 감성에 대한 이해가 없고 소비자가 왜, 그리고 어떻게 브랜드와 결혼을 결정하게 되었는지를 이해하지 않고는 브랜드 관계를 이해할 수도 없고 브랜드 관계를 관리할 수도 없게 된다. 소비자와의 결혼관계를 갖고 있지 못한 기업들은 미래가 없는 기업이 되는 것이다.

소비자들은 당신 브랜드와의 결혼상태에 대해서 당신에게 말하고 싶어하며, 또한 소비자들은 당신이 브랜드 관계를 더 좋게 그리고 더 강력하게 만들 수 있도록 도우려고 하고 있다. 만일 당신이 소비자들에게 핵심을 묻는 질문을 하고 당신이 들은 것을 행동으로 옮길 준비가 충분하게 되어 있다면 당신은 소비자들이 하는 이야기에 두말할 필요없이 귀를 기울어야 할 것이다.

MARRIED TO THE BRAND

브랜드와 결혼하라

2009년 07월 02일 초판 인쇄
2009년 07월 11일 초판 발행

지 은 이 WILLIAM J. McEWEN
옮 긴 이 이예현 · 강유진
펴 낸 이 한민희
펴 낸 곳 삼성북스
책임편집 박신유

등록번호 제6-0024호 ‖ **등록일자** 1979. 8. 4
주소 서울특별시 동대문구 회기동 60-99 (우130-872)
Tel 02-966-0845, 02-966-7188
Fax 02-966-6280
E-mail sspub@unitel.co.kr

ISBN 978-89-91502-69-7 13320
값 13,000원